Ken Blue

Geistlichen Mißbrauch heilen

Ich widme dieses Buch all denen, die mir ihre persönliche Geschichte anvertraut haben.

Ken Blue

Geistlichen Mißbrauch heilen

Brunnen-Verlag · Basel und Gießen

ABCteam-Bücher erscheinen in folgenden Verlagen:

Aussaat Verlag Neukirchen-Vluyn
R. Brockhaus Verlag Wuppertal
Brunnen-Verlag Basel und Gießen
Christliches Verlagshaus Stuttgart
Oncken Verlag Wuppertal und Kassel

Amerikanischer Originaltitel: «Healing Spiritual Abuse»
Erschienen 1993 bei Intervarsity Press, Downers Grove, Illinois

Die Bibelzitate wurden, wo nicht anders angegeben,
der Lutherübersetzung 1984 entnommen.

Aus dem Amerikanischen von Wolfgang Stedtnitz

Die Deutsche Bibliothek – CIP-Einheitsaufnahme

Blue, Ken:
Geistlichen Mißbrauch heilen/Ken Blue. [Aus dem Amerikanischen von
Wolfgang Stedtnitz.] – Basel; Gießen: Brunnen-Verl., 1997
(ABC-Team)
Einheitssacht.: Healing spiritual abuse ⟨dt.⟩
ISBN 3-7655-1128-5

Umschlag: Michael Basler, Lörrach
Gesamtherstellung: Clausen & Bosse, Leck
Printed in Germany

ISBN 3-7655-1128-5

Inhalt

Niemals tun die Menschen das Böse konsequenter und freudiger, als wenn sie es aus religiösen Motiven tun.

Blaise Pascal

Ihr werdet die Wahrheit erkennen, und die Wahrheit wird euch frei machen.

Jesus Christus (Joh 8,32)

Zur Freiheit hat uns Christus befreit! So steht nun fest und laßt euch nicht wieder das Joch der Knechtschaft auflegen!

Paulus (Gal 5,1)

Kapitel 1

Zur Freiheit berufen

Ein Fernsehprediger wird zu einer Gefängnisstrafe verurteilt, weil er seine Zuschauer finanziell betrogen hat. Ein bekannter Pastor gibt zu, seine Mitarbeiterinnen zu sexuellen Handlungen gezwungen zu haben. Die römisch-katholische Kirche läßt es sich Millionen kosten, um zu einer außergerichtlichen Einigung mit den Opfern angeblichen sexuellen Mißbrauchs durch Priester zu finden. Eine junge Frau begeht Selbstmord, nachdem ihr Pastor behauptet hat, sie sei hoffnungslos von Dämonen besessen. Eine bekannte christliche Persönlichkeit schreibt ein Buch über die Notwendigkeit moralischer Integrität im kirchlichen Amt und wird später als Ehebrecher entlarvt. Ein vierjähriger Junge stirbt, nachdem seine Eltern ihm jegliche medizinische Hilfe vorenthalten haben. Ihr Gemeindeleiter hat von ihnen verlangt, sie sollten keinen Arzt rufen, sondern sich ausschließlich auf das Gebet verlassen. Mehrere frisch verheiratete Ehepaare einer kleinen Gemeinde auf dem Land lassen sich scheiden, weil ihr Pfarrer behauptet, die Eheschließung habe «außerhalb des vollkommenen Willens Gottes» stattgefunden. Ein prominenter Theologe und Ethiker bekommt keine Empfehlungsschreiben mehr, weil ihm einige Frauen in der Kirchenleitung sexuelle Belästigung vorgeworfen haben.

Dies sind nur einige wenige Beispiele für ein Phänomen unserer Zeit, das man mit dem Begriff «Mißbrauch im geistlichen Amt» oder kurz: «geistlicher Mißbrauch» umschreiben könnte. Das Problem ist nicht neu. Mißbrauch im Amt hat es im Volk Gottes schon immer gegeben.[1] Der Ausdruck «geistlicher Mißbrauch» (in den USA: «spiritual abuse») dagegen ist relativ neu.[2] Provokative Schlagwörter haben es an sich, daß sie mit zunehmender Verwendung abgegriffen werden. Lassen Sie uns daher zunächst einmal sorgfältig definieren, was man unter geistlichem Mißbrauch versteht, welche Art von Mensch dazu neigt und wie sich dieser Mißbrauch auf die Opfer auswirkt.

Was ist geistlicher Mißbrauch, und wer begeht ihn?

Mißbrauch, gleich welcher Art, liegt vor, wenn ein Mensch Macht über einen anderen Menschen hat und diese Macht so mißbraucht, daß der andere verletzt wird. «Körperlicher Mißbrauch» liegt vor, wenn jemand körperliche Macht über einen anderen Menschen ausübt und dem anderen körperliche Wunden zufügt. «Sexueller Mißbrauch» bedeutet, daß jemand sexuelle Macht über einen anderen Menschen hat und diesem sexuelle Verwundungen zufügt. Und «geistlicher Mißbrauch» liegt dann vor, wenn eine Leiterpersönlichkeit, die geistliche Autorität über einen anderen hat, diese Autorität benutzt, um Druck oder Zwang auszuüben, und damit dem ihm Untergebenen geistliche Wunden zufügt. Ron Enroth schreibt zu diesem Thema:

> «Anders als der körperliche Mißbrauch, den man meist an den entsprechenden Wunden erkennen kann, hinterläßt der geistliche Mißbrauch psychische Wunden tief in der menschlichen Seele. Er wird von denjenigen Menschen zugefügt, denen unsere Gesellschaft normalerweise Respekt und Achtung zollt, weil sie eine Leiterfunktion im geistlichen Amt ausüben und als Vorbilder gelten. Sie gründen ihre Autorität auf die Bibel als Gottes Wort und sehen sich selbst als Hirten, denen ein heiliges Amt auferlegt ist. Wenn solche Menschen jedoch das ihnen anvertraute Amt mißbrauchen und ihre kirchliche Position dazu benutzen, ihre Herde unter Druck zu setzen und zu manipulieren, kann dies zu katastrophalen Folgen führen.»[3]

Geistlicher Mißbrauch unterscheidet sich von anderen Arten des Mißbrauchs auch darin, daß er selten mit der Absicht zu verletzen verübt wird. Wie wir noch sehen werden, sind Menschen, die ihr geistliches Amt mißbrauchen, auf merkwürdige Weise naiv hinsichtlich der Folgen ihrer Ausbeutung. Selten wollen sie ihre Opfer wirklich verletzen. Sie sind für gewöhnlich derart narzißtisch oder darauf fixiert, etwas Großes für Gott tun zu wollen, daß sie es nicht einmal merken, wie weh sie ihren Opfern tun. Deshalb: Auch wenn ich betonen möchte, daß ein solches Verhalten unmoralisch und böse ist, vermeide ich dennoch den Aspekt des «absichtlichen Verletzens» in meiner Definition.

Die Definition muß noch weiter eingeschränkt werden. Stellen wir uns das Phänomen des geistlichen Mißbrauchs einmal auf einer senkrechten Skala vor. Dann finden wir ganz unten den gelegentlichen Mißbrauch, der nur geringe Auswirkungen hat, und ganz oben den böswilligen, systematischen geistlichen Mißbrauch. Mir geht es in diesem Buch nicht um die Gedankenlosigkeit, Ruppigkeit oder Arroganz, mit der manche Pfarrer oder Gemeindeleiter ausgestattet sind. Wenn wir jegliches Mißverhalten im geistlichen Amt sofort als geistlichen Mißbrauch bezeichnen, verwässern wir das Problem. Gegen eine solche oberflächliche Betrachtungsweise bin ich ganz und gar. Das Thema verlangt einen verantwortlichen Umgang und sollte keinesfalls zu einer modernen Hexenjagd ausarten.

Doch auch wenn in dieser Hinsicht Vorsicht geboten ist, müssen wir dennoch einige weitere Unterscheidungen treffen. Denn es gibt mehrere auf den ersten Blick höflich und nett erscheinende Verhaltensweisen, die gesellschaftlich akzeptiert sind und trotzdem aufgrund ihrer manipulativen Absicht als Mißbrauch bezeichnet werden müssen.

Es gibt nämlich Pastoren und Gemeindeleiter, die ihre Gemeinde durch den Gebrauch einer bestimmten, sehr vertraut und intim klingenden Sprache in eine bestimmte Richtung drängen wollen. Eine ganz ähnliche Technik wird beispielsweise in manchen Nobelrestaurants verwendet: Die Bediensteten dort sind in Wortwahl und Tonfall, ja sogar in der entsprechenden Körpersprache so geschult, daß es ihnen gelingt, das Vertrauen der Kunden zu gewinnen. Die Kellnerin oder der Kellner spielt dann mit diesem Vertrauen, einzig und allein, um dem Gast das zu verkaufen, was am meisten Geld einbringt – und nicht das, was er am liebsten essen würde. Profit ist alles, was zählt, und gleichzeitig wird der Kunde so geschickt umworben, daß er sich angenommen und geliebt fühlt.

Es gibt auch eine Reihe von Pastoren, die in dieser Art von vertrauenerweckender Sprache geschult sind. Sie erschleichen sich damit das Wohlwollen ihrer «Schäfchen» und können mit deren Einverständnis anschließend machen, was sie wollen. Vergleicht man dieses Verhaltensmuster mit dem systematischen, böswilligen Mißbrauch, erscheint es relativ unbedeutend. Es ist jedoch schwerwiegend, und zwar, weil es Vertrauen mißbraucht. Wenn ein geistlicher Leiter vorgibt, ein Freund zu sein, und diese Illusion dazu benutzt, um die Mitglieder seiner Gemeinde zu manipulieren, verübt er Mißbrauch im geistlichen Amt. Ein solcher Mißbrauch erscheint folgerichtig ebenfalls auf meiner Skala, wenn auch am unteren Ende.

Angeführt wird diese Skala von der absichtlichen und böswilligen Ausbeutung der Schwachen durch eine übermächtige, autoritäre Leiterfigur. Fast jede Art von Mißbrauch findet sich auf dieser Ebene: Drohungen, Einschüchterungsversuche, Psychoterror, um großzügige Spenden zu bekommen, sexuelle Erpressung, öffentliche Demütigungen, Einflußnahme im Bereich der Privatsphäre (bis in die Ehen hinein), Abhör- und Überwachungspraktiken jeglicher Art und vieles andere mehr. Wenn psychisch und geistlich schwache Menschen einem solchen narzißtischen Demagogen in die Hände geraten, können die Folgen äußerst schwerwiegend sein. Die Beispiele für geistlichen Mißbrauch, die ich in diesem Buch anführe, bewegen sich irgendwo zwischen der sehr extremen und der eher geringfügigen geistlichen Manipulation.[4]

Wie sehen die Opfer aus?

Vor über zwanzig Jahren – etwa eine Woche, nachdem ich meine erste Pfarrstelle angetreten hatte – wurde ich in ein Krankenhaus gerufen. Eine Frau aus meiner Gemeinde (fünfundzwanzig Jahre alt), die ich Martha nennen möchte[5], lag nach einem Selbstmordversuch auf der Intensivstation. Unser erstes Gespräch verlief äußerst merkwürdig, nicht nur weil ich noch unerfahren war und diese Frau dort zum ersten Mal sah, sondern weil Martha furchtbare Angst vor mir hatte. Als ich das schließlich gemerkt hatte, fragte ich sie, warum sie denn Angst vor mir habe. Die Antwort kam leise und mit einer fast drohenden Stimme: «Weil Sie ein Pfarrer sind!»

Ich bat sie, mir zu erklären, wie sie das meinte, aber sie wandte mir den Rücken zu und sagte nichts. Nach einer langen, unangenehmen Zeit des Schweigens fragte ich sie, ob ich ihr ein paar Bibelverse vorlesen dürfe, und Martha (die mir weiterhin den Rücken zudrehte) sagte: «Bitte nicht. Dafür bin ich noch nicht stabil genug.»

Vollkommen verwirrt und durcheinander entschuldigte ich mich und verließ den Raum.

In den folgenden Monaten jedoch faßte Martha Vertrauen zu mir und erzählte mir ihre Geschichte. Sie stammte aus einem sehr engen christlichen Elternhaus in einer ländlichen Gegend der Vereinigten Staaten. Ihre Eltern waren Farmer und benutzten Gott, um Druck auf ihre Tochter auszuüben. Für Martha war Gott ein himmlischer Richter, der von den Menschen Vollkommenheit verlangte, in Worten wie in Taten. Da das Mädchen natürlich nicht vollkommen war, fühlte sie sich ständig schuldig. Als ihr Lieblingshaustier eines Tages starb, glaubte Martha, daß Gott sie damit für irgend etwas bestrafen wollte.

Als Martha älter wurde, stellte sie fest, daß sie sich nicht nur vor Gott selbst fürchtete, sondern auch vor allem Angst hatte, was mit Gott zusammenhing. War ein Pfarrer in der Nähe, wurde sie nervös und angespannt. Versuchte sie, die Bibel zu lesen, wurde ihr regelrecht schlecht. Nach ihrer Krankenschwesternausbildung – Martha war inzwischen weit über zwanzig – wurde die Frau schwer depressiv. Sie suchte dann Trost in einer sexuellen Beziehung zu einem verheirateten Mann und wurde schwanger. Völlig verzweifelt und in dem Glauben, daß dies eine weitere Strafe sei, versuchte sie schließlich, sich umzubringen.

Viele Jahre nach diesem Selbstmordversuch und nach vielen Stunden psychologischer und seelsorgerlicher Beratung hat Martha nun das Gröbste hinter sich. Vor kurzem noch fragte ich sie, wie es ihr gehe, und sie sagte: «Wissen Sie, ich kann Ihnen in die Augen sehen und mich mit Ihnen unterhalten, ohne am ganzen Körper zu zittern. Ich kann inzwischen wieder in der Bibel lesen, ohne daß mir speiübel wird, und ich besuche den Gottesdienst, ohne daß sich mir der Magen umdreht. Es geht mir also wirklich gut!»

Menschen, die geistlichen Mißbrauch «überleben», haben danach oft den Eindruck, in eine Art «Fegefeuer» zu geraten: Sie fühlen sich innerlich durcheinander, sind verletzt und auf eine ganze Reihe von Menschen wütend. Einige geben sich auch selbst die Schuld. Sie reden sich ein, sie hätten den geistlichen Mißbrauch verdient. Andere verfallen in Selbsthaß und können sich nicht vergeben, daß sie sich und ihre Familie einer solchen geistlichen Enge ausgesetzt haben. Wieder andere richten ihre Haßgefühle auf den Pastor, der sie verletzte, und nicht selten nehmen sich die Opfer geistlichen Mißbrauchs die Möglichkeit der Heilung durch Gott. Juanita und Dale Ryan führen aus: «Geistlicher Mißbrauch ist eine Art von Mißbrauch, der unser tiefstes, inneres Wesen betrifft. Oft hinterläßt er seine Opfer in einem Zustand des geistlichen Chaos und nimmt ihnen die Möglichkeit der göttlichen Heilung.»[6]

Die meisten Opfer geistlichen Mißbrauchs sind Einzelgänger. Gelegentlich jedoch tun sie sich mit anderen Menschen zusammen, die ähnliche Erfahrungen gemacht haben. Ich erinnere mich an einen Fall, als fünfzehn solcher Opfer in die Gemeinde kamen, in der ich damals als Pastor arbeitete. Sie alle hatten die Jahre zuvor in einer Gemeinde zugebracht, die wiederum mit dem sogenannten «Discipleship/Shepherding Movement» verbunden war (dt. etwa: «Jüngerschafts- und Hirtenbewegung»)[7]. Sie alle hatten diese Bewegung verlassen wollen, als Einzelpersonen aber nicht den Mut dazu gehabt. So fanden sie sich schließlich zu einem Massenexodus zusammen.

Als sie etwa ein Jahr lang in unserer Gemeinde zugebracht hatten, erzählten sie mir einer nach dem anderen ihre persönliche Geschichte, so daß ich einen recht guten Eindruck von der Gemeinde bekam, zu der sie früher gehört hatten. Diese war streng hierarchisch aufgebaut. Jedes Mitglied dort wurde einem sogenannten «persönlichen Pastor» zugeordnet, und dieser Pastor überwachte ihr Leben strenger, als Eltern das bei einem noch nicht volljährigen Kind tun. Der Pastor sagte ihnen, welchen Beruf sie ergreifen sollten, welches Auto das beste für sie wäre, wo sie ihre Ferien verbringen sollten usw. Der «persönliche Pastor» entschied sogar, wie viele Kinder ein Ehepaar haben sollte und wie die Kinder erzogen werden sollten. Die Mitglieder dieser Kirche hatten schließlich sämtliche Entscheidungen abgegeben und verloren allmählich ihre persönliche Autonomie und Identität.

Ich fragte dann einige dieser Opfer, warum sie willentlich zugestimmt hatten, daß ihnen grundlegende Menschenrechte vorenthalten worden waren. Ich sagte ihnen: «Schließlich hat euch doch niemand einen Revolver an die Schläfe gehalten, oder?» Die Antwort war einstimmig. Sie alle gaben an, daß sie fest daran geglaubt hatten, daß diese Art von Behandlung gut und richtig gewesen sei, und daß sie darauf gehofft hätten, irgendwann einmal für ihre Hingabe und Unterordnung belohnt zu werden.

Die hierarchische Struktur einer solchen Gruppe erzeugt bei den Opfern nicht nur Druck, sondern führt auch zur Abhängigkeit. Die meisten dieser Leute hatten sich so sehr daran gewöhnt, keine selbständigen Entscheidungen mehr zu treffen, daß sie nach dem Verlassen der Gruppe in ein Loch fielen. Sie wurden depressiv, einige sogar schwer. Noch nach Jahren leiden viele von ihnen unter den Folgen des auf sie ausgeübten Drucks. Einige flohen in den Alkoholismus; andere griffen zu Drogen. Dem geistlichen Mißbrauch folgte der sexuelle in einigen ihrer Ehen. Männer, die hochmotivierte Mitarbeiter waren, bevor sie sich dem «Shepherding Movement» anschlossen, hielten es nach dem Verlassen der Gruppe an keiner Stelle mehr aus.

Als ich mir die Geschichten dieser Menschen anhörte, fiel mir auf, um welch hingegebene Christen es sich bei ihnen handelte. Sie alle hatten anfangs nur eines gewollt: Gott dienen und ihm das ganze Leben weihen. Und gerade diese Kompromißlosigkeit, das Gefühl, «alles für Jesus» geben zu müssen, machte die Bewegung in ihren Augen so attraktiv. Die Gruppe rief auf zum heiligen Leben, zur Hingabe, zur Jüngerschaft. Doch weil sie über ihrer Kompromißlosigkeit die Liebe und Weisheit vergaß, beutete sie ihre Opfer geistlich aus.

Wie wir an verschiedenen Beispielen sehen werden, zeigt sich immer wieder, daß die treuesten und hingegebensten Gläubigen diejenigen sind, die auch am leichtesten Opfer von Druck und geistlichem Mißbrauch werden. Den Schaden, den jene Bewegung angerichtet hat, faßt das Ehepaar Berk in seinem Buch «Damaged Disciples» (dt.: «Geschädigte Jünger») mit den Worten zusammen: «Evangelium bedeutet Leben für geistlich Tote. Doch das ‹Shepherding Movement› ist inzwischen soweit gediehen, daß es den geistlich Lebendigen den Tod brachte.»[8]

Gibt es einen Ausweg?

In meiner über zwanzigjährigen Amtszeit habe ich viele Geschichten über geistlichen Mißbrauch zu hören bekommen. Es waren eigentlich zu viele, und was ich hörte, war derart schlimm, daß ich allmählich zu der Ansicht gelangte, an der Tatsache, daß machtgierige Christen ihre schwachen Brüder und Schwestern seelisch verletzen und mißbrauchen, sei wohl nichts zu ändern.

Vor einiger Zeit jedoch hat sich meine diesbezüglich sehr resignative und passive Einstellung radikal verändert. Das geschah völlig unerwartet. Ich bereitete gerade eine weitere Predigt im Rahmen einer Reihe über das Matthäusevangelium vor, als ich am 23. Kapitel anlangte, wo Jesus in aller Öffentlichkeit den Pharisäern vorwirft, sie würden ihr Amt mißbrauchen und ihren Pflichten als geistliche Leiter nicht nachkommen. Ich war drauf und dran, dieses Kapitel einfach zu überspringen, weil ich darin keinen Bezug zur Situation und zum Bedarf meiner Gemeinde entdecken konnte.

Doch dann fiel es mir wie Schuppen von den Augen, und ich erkannte – geradeso, als hätte ich jenes Kapitel zum ersten Mal gelesen –, daß es auch heute noch autoritäre und narzißtische kirchliche Amtsträger gibt, die in ihrer Haltung genau den damaligen Pharisäern entsprechen. Jesus trat ja damals diesen Leuten nicht nur entgegen und schimpfte sie aus, sondern er stellte sich selbst auf die Seite ihrer Opfer und versprach diesen Hilfe. Was er in Matthäus 23 zu sagen hat, verspricht darum all denen Hoffnung, die sich als Opfer von geistlichem Druck und Mißbrauch sehen.

Jesus resignierte nicht. Er stellte sich dem Problem, und er verlangte eine radikale Änderung. Warum sollten wir uns mit weniger zufriedengeben?

Nachdem mir klargeworden war, worauf Jesus mit seinen Worten in Matthäus 23 hinauswollte, entdeckte ich, daß es ähnliche Aussagen auch in den anderen Evangelien gibt. Ich stellte sogar fest, daß Jesus über das Problem des geistlichen Mißbrauchs mehr zu sagen hatte als über sämtliche anderen Übel seiner Zeit.

Geistlicher Mißbrauch war das einzige Problem, das er wieder und wieder öffentlich anprangerte – eine Tatsache, die um so erstaunlicher ist, wenn wir bedenken, daß die Gesellschaft seiner Zeit von einer Unmenge anderer Probleme betroffen war.

Jesus hat nicht ein einziges Mal die Sklaverei angeprangert. Er schwieg zum Rassismus ebenso wie zum Klassenkampf, äußerte sich weder zum Staatsterrorismus noch zur römischen Besatzungsmacht oder zur korrupten Regierung. Er verliert kein Wort über Abtreibung, Kindermord, Homosexualität oder Ausbeutung von Frauen und Kindern. All diese Probleme gab es zur Zeit Jesu, aber es gibt keine Quellen, die belegen, daß er sich dazu unmittelbar äußerte.

Anders die heutige christliche Kirche: Sie hat sich zu all diesen Fragen geäußert. Merkwürdigerweise jedoch hat sie kaum etwas zum Thema des Mißbrauchs im geistlichen Amt gesagt, eben jenem Thema, das Jesus offenbar am meisten am Herzen lag.

Anstatt das 23. Kapitel des Matthäusevangeliums als für die heutige Zeit irrelevant abzutun und zu überspringen, entschloß ich mich darum, eine Predigtreihe darüber zu halten. Die Reaktion darauf (und auf die Kassetten, die davon aufgenommen wurden) war überwältigend. Dutzende von Gemeindemitgliedern erzählten mir ihre Geschichten, in denen sie nicht nur darüber berichteten, wie sie selbst geistlich mißbraucht worden waren, sondern auch, welche Erfahrungen ihre Freunde und Bekannten mit diesem Problem gemacht hatten. Opfer und Täter erkannten im Licht der Bibel, was vorgefallen war, und vergaben, beziehungsweise kehrten um. Vor allem aber erfuhren sie die Vergebung Jesu und seiner Kirche. Viele erlebten dabei ganz neu innere Freiheit und Freude.

Seither spreche ich über dieses Thema auch auf Freizeiten und Tagungen und bin jedesmal erstaunt über die große Anzahl von Menschen, die inzwischen bereit sind, ihre eigenen Erfahrungen mitzuteilen. Bischöfe der anglikanischen Kirche, rumänische Gläubige aus kleinen Landgemeinden, Politiker aus Südafrika – sie alle wissen ein Lied davon zu singen, was Gesetzlichkeit, Manipulation und Druck durch eine Gemeinde anrichten kann. Und für sie alle, aus welcher Nation oder Kultur sie auch stammen, bieten die Worte Jesu aus Matthäus 23 den Schlüssel für die innere Heilung von den Wunden geistlichen Mißbrauchs – heute noch genauso, wie es zur Zeit Jesu war, als die Menschen unter den Pharisäern litten.

Vorschau

Die folgenden fünf Kapitel dieses Buches sind eine Auslegung und Anwendung der in Matthäus 23 überlieferten Worte Jesu. Im zweiten Kapitel werden wir sehen, wie Jesus die unrechtmäßigen Mittel aufdeckt, mit denen die Pharisäer versuchten, die Menschen zu beherrschen: sie behaupteten von sich, «auf dem Stuhl des Mose» zu sitzen. Das heißt, sie sagten: «Da wir die Autorität des Mose besitzen (welcher seine Autorität von Gott hatte), müßt ihr tun, was wir sagen.» Die moderne Variante dieser Worte lautet: «Weil ich ‹der Gesalbte des Herrn› bin,

Pastor, Gemeindeältester oder Bischof, müßt ihr tun, was ich sage.» Jesus und Paulus stellen jedoch sehr deutlich klar, daß es kein Amt, keine Position innerhalb der Kirche, noch irgendeinen Titel gibt, der automatisch göttliche Autorität verleiht. Die einzig wahre Autorität im Reich Gottes basiert auf einer dienenden Leitung.

Im dritten Kapitel werden wir sehen, daß es nicht nur die falschen Vorstellungen von Autorität waren, welche die Pharisäer so gefährlich machten, sondern auch deren falsche Lehre. Sie vermittelten den Menschen ein falsches Gottesbild und eine falsche Vorstellung davon, was es heißt, Gott zu dienen. Für sie war Gott ein gesetzlicher Richter, der denjenigen wohlgesonnen war, die sich an seine Regeln hielten, und diejenigen verachtete, die sein Gesetz brachen. Prediger, die heutzutage so tun, als nehme Gott nur diejenigen an, die ihm religiöse Leistung entgegenbringen, sind die Pharisäer unserer Tage. Nach den Worten Jesu sind noch so fromm klingende religiöse Lügen, verbreitet von anerkannten christlichen Persönlichkeiten, der Ruin des geistlichen Lebens.

Darüber, woran wir solche Irrlehrer erkennen können, läßt uns Jesus nicht im unklaren – womit wir beim Thema des vierten Kapitels angelangt sind. Der Herr weist uns darauf hin, daß diese christlichen Leiter den Menschen schwere Lasten auferlegen und selbst keinen Finger krümmen, um sie ihnen abzunehmen. Diese Lasten erscheinen in der Form von Gesetzen und Vorschriften, die sehr geistlich aussehen, aber in Wirklichkeit jede Art geistlichen Wachstums ersticken. Diese Art von Gesetzlichkeit ist weit verbreitet in evangelischen, freikirchlichen und auch römisch-katholischen Kreisen. Und wer die Menschen mit solcherlei Gesetzeslasten beschwert, ist nicht besser als der Pharisäer, dem Jesus zu seiner Zeit sein «Wehe!» entgegenschleuderte. Denn ein guter Hirte zeichnet sich immer dadurch aus, daß er Lasten mitträgt und seinen Schafen die Freiheit bringt.

Im fünften Kapitel werde ich dann darauf eingehen, inwieweit ein Mißbrauch verübender geistlicher Leiter unter einem «Ego-Defizit» leidet, oder – um es mit Jesu eigenen Worten auszudrücken – «alle seine Werke tut, um von den Leuten gesehen zu werden» (vgl. Mt 23,5). Für solche Leute kommt es stets darauf an, vor den anderen gut dazustehen. Wichtiger, als zum Volk Gottes zu gehören, ist ihnen der *Anschein*, zum Volk Gottes zu gehören. Nicht, was sie sind, interessiert sie, sondern was die Leute von ihnen denken. Deswegen lassen sie sich auch gerne mit wohlklingenden Titeln anreden, damals mit «Rabbi» (Vers 7), heute mit «Dr. Soundso», «Pater X» oder «Pfarrer Y». Wirkliche Hirten brauchen solche Ehrentitel nicht. Man erkennt sie an ihren Früchten.

Im sechsten Kapitel geht es um ein weiteres Kennzeichen «geistlicher Vergewaltigung», nämlich um die Tatsache, daß in gesetzlichen Gemeinden Nebensächliches hochgespielt und Wichtiges vernachlässigt wird. Gemeindeleiter, die ihre Gemeinde geistlich mißbrauchen, sind zum Beispiel gegen (auch maßvollen) Alkoholgenuß, verfechten eine bestimmte Kleiderordnung, kümmern sich jedoch nicht um Gerechtigkeit und die Liebe untereinander. Gute Hirten dagegen stellen immer Gott und die Liebe zum Mitmenschen in den Mittelpunkt.

Kapitel sieben geht der Frage nach, welcher Typ von Mensch für Gesetzlichkeit und geistlichen Mißbrauch am anfälligsten ist, und warum. Es wird darin über die emotionalen Bedürfnisse der Opfer ebenso zu reden sein wie über die psychische Beschaffenheit der Täter.

Kapitel acht schließlich zeigt, wie Gott Täter und Opfer im Bereich der «geistlichen Vergewaltigung» heilen kann. Seine Gnade ist groß genug, um für Opfer wie für Täter einen Ausweg aus ihrem gegenseitigen Abhängigkeitsverhältnis zu schaffen.

Es folgen dann noch zwei weitere Kapitel, in denen beschrieben und erläutert wird, wie ein vorbildlicher geistlicher Leiter aussieht. Ein Pastor oder Gemeindeleiter, der auf geistlichen Mißbrauch in jeder Art verzichtet, zeichnet sich nicht durch Schwäche oder Passivität aus, sondern zeigt Stärke und Führungsqualität. Diese Qualität ergibt sich jedoch aus einem demütigen Geist des Dienens für andere. Ein guter Gemeindeleiter trägt Lasten mit, fördert die Menschen in seiner Gemeinde entsprechend ihren Gaben und hält die Tür zum Reich Gottes weit offen für alle. Geistliche Hirten sorgen für geistliche Nahrung, so daß das Volk Gottes nicht zu hungern braucht.

Einige meiner Freunde und Bekannten, die das Manuskript dieses Buches gelesen haben, wiesen mich darauf hin, daß es sich entgegen dem ersten Anschein an einen recht weitgefaßten Leserkreis wendet. So sagte ein Pastor:

> «Zuerst dachte ich, hier geht es nur um die Opfer geistlichen Mißbrauchs. Nachdem ich es durchgelesen hatte, merkte ich jedoch, daß man das Thema aus unterschiedlichen Blickwinkeln sehen kann. Manchmal sah ich mich als den Pastor, der jemandem seelsorgerlich helfen mußte, der geistlich mißbraucht worden war, mal sah ich mich als ein Mitglied des Vorstands, das darauf achten muß, daß wir als Gemeinde nichts tun, was zu geistlichem Mißbrauch führen könnte. Und schließlich habe ich mich auch gefragt, ob ich nicht in gewisser Weise selbst einmal das Opfer geistlichen Mißbrauchs war.»

Das Buch soll in der Tat verschiedene Gruppen von Menschen ansprechen. Dies ist insofern nicht verwunderlich, als sich auch der Bibeltext, auf den es aufbaut, an unterschiedliche Gruppen wendet. Jesus spricht in Matthäus 23 mindestens zwei davon an: die Täter und die Opfer im Bereich des geistlichen Mißbrauchs. Die Bibel hat es an sich, daß sie sich aus verschiedenen Gründen an verschiedene Menschen wendet. Sie hat es ebenso an sich, daß sie sich für Menschen derselben Gruppe aus unterschiedlichen Gründen als hilfreich erweist. Ich habe mich in den folgenden Ausführungen darum bemüht, es genauso zu halten, wenn ich auch jedesmal darauf hinweise, zu welcher Art von Gruppe ich spreche.

Noch ein letztes Wort an die Opfer des geistlichen Mißbrauchs: Wahrscheinlich wird dieses Buch Ihr Empfinden für das, was Sie erlitten haben, schärfen. Dabei ist es normal, daß der seelische Schmerz eine Zeitlang stärker wird. Wenn dieser Schmerz dann zur Heilung führt, ist dies gut. Wenn er aber dazu führt, daß Sie bitter werden und gegen die Person(en) oder Institution(en), die Sie mißbraucht haben, einen dauerhaften Groll hegen, sind Sie hinterher schlimmer dran als vorher. So zornig Jesus auch auf die religiösen Leiter war, die Mißbrauch im geistlichen Amt verübten, so bereitwillig zeigt er sich doch, ihnen von einem Augenblick auf den nächsten zu vergeben. Seine Kraft, anderen Menschen zu vergeben, wohnt auch heute noch in uns Christen, und wir sollten uns diese Kraft zunutze machen.

Jesus spricht: «Nach welchem Recht ihr richtet, werdet ihr gerichtet werden; und mit welchem Maß ihr meßt, wird euch zugemessen werden» (Mt 7,2), und an einer anderen Stelle: «Wer das Schwert nimmt, der soll durchs Schwert umkommen» (Mt 26,52). Wenn jemand die Angehörigen seines eigenen Berufsstandes kritisiert (so wie ich es in diesem Buch tue), hat er in gewisser Weise das Schwert gegen sich selbst gerichtet. Ich weiß, daß ich als Pastor nicht davor gefeit bin, geistlichen Mißbrauch zu verüben. Während ich an diesem Buch gearbeitet habe, ist mir dieses Potential erneut in schmerzlicher Weise bewußt geworden. Ich hoffe nur, daß ich vor mir selbst auf der Hut bin und mir mein Wissen dazu verhilft, so etwas nicht zu tun.

Ich bete darum, daß es Ihnen, die Sie dieses Buch lesen, genauso geht.

Es ist der halb-christlichen Geistlichkeit in den einzelnen Konfessionen zu verdanken, daß die Kirche, wie es heute immer heißt, keinen «Erfolg» mehr hat.

George MacDonald

Ethik ist nur für eine Traumwelt gut. In der Realität ist Macht gefragt. Ein Leiter braucht Macht, um seine Umgebung zu beherrschen und etwas zu schaffen.

Ein führender Geschäftsmann unserer Tage

Auf dem Stuhl des Mose sitzen die Schriftgelehrten und Pharisäer.

Jesus Christus (Mt 23,2)

Kapitel 2

Der «Stuhl des Mose» – und wie er mißbraucht wird

Meine Frau Patti hat insgesamt sieben gesunde Kinder zur Welt gebracht. Kurz vor der Entbindung unseres vierten Kindes jedoch setzten bei ihr Blutungen ein. So schnell wie möglich fuhr ich sie ins Krankenhaus zur Untersuchung. Die Diagnose lautete «Placenta praevia», ein gefährlicher, manchmal tödlich verlaufender Zustand, welcher bedeutet, daß die Plazenta so tief in der Gebärmutter sitzt, daß sie den Geburtskanal versperrt. Hätten bei Patti in diesem Zustand die Wehen eingesetzt, hätte die Gefahr eines Plazentarisses bestanden, und sie wäre – jedenfalls ohne medizinische Hilfe – verblutet.

Ein gesundes Leben hatte sich in Pattis Gebärmutter herangebildet. Und noch vor wenigen Jahrzehnten (bevor man in der Lage war, notfallmäßig einen Kaiserschnitt durchzuführen) wäre dieses Leben in ihr abgestorben, nur weil sich an strategisch wichtiger Stelle ein Hindernis befand.

Auf dieselbe Weise können kleine, aber strategisch plazierte Hindernisse das geistliche Leben in einer Kirche oder Gemeinde zum Erliegen bringen. Und meistens treten diese strategischen Hindernisse in Form von Leiterpersönlichkeiten auf. Einer meiner Freunde brachte es auf den Punkt: «In der christlichen Gemeinde steht und fällt alles mit der Leiterschaft.» Dem kann ich (von einigen wenigen Ausnahmen abgesehen) nur zustimmen! Ich besitze mehrere Aktenordner mit Unterlagen über Fälle, in denen ein schlechter Leiter an strategisch wichtiger Stelle das Leben einer Kirchengemeinde schwerwiegend beeinträchtigt hat.

So gab es in einer Gemeinde einen Pastor, der dort eine äußerst attraktive Jugendarbeit ins Leben gerufen hatte. Es fanden gut besuchte Gottesdienste und Jugendstunden statt; viele junge Leute bekehrten sich und wurden im Glauben angeleitet und geschult. Nicht wenige dieser Jugendlichen wurden später selbst zu Jugendleitern. All dies geschah unter der Leitung des erwähnten Jugendpastors. Alles in allem: ein vorbildliches Programm, auf das die ganze Gemeinde mit Recht stolz war. Die anderen Mitglieder profitierten ebenso davon, und auch in den Nachbargemeinden galt das Programm als vorbildlich.

Das abrupte Ende kam, als ein junges Mädchen dem Jugendpastor vorwarf, ihr gegenüber sexuelle Annäherungsversuche gemacht zu haben. Der Vater des Mädchens war Kassenwart und gleichzeitig Vorsitzender des Presbyteriums. Er nutzte seinen Einfluß, um den Jugendpastor zu entlassen, ohne einen Untersuchungsausschuß eingesetzt zu haben. Dieser offensichtliche Machtmißbrauch brachte die gesamte Jugendarbeit jener Gemeinde zum Erliegen, und fast die Hälfte der jungen Familien trat aus.

Als dann später doch ein unabhängiger Untersuchungsausschuß eingesetzt wurde, stellte sich heraus, daß die Anklagen völlig aus der Luft gegriffen waren. Es war vielmehr so, daß das Mädchen versucht hatte, den Pastor zu verführen, und als ihr dies nicht gelungen war, ihm sexuellen Mißbrauch vorgeworfen hatte. Der Jugendpastor wurde vollkommen rehabilitiert, war jedoch nach diesem Vorfall derart desillusioniert, daß er den Dienst quittierte und bis heute keine Kirche mehr betreten hat (wenn er jetzt auch sehr erfolgreich Lebensversicherungen verkauft).

Jesus gegen die Pharisäer

Eine Leiterpersönlichkeit an strategisch wichtiger Stelle ist imstande, das Leben in einer Gemeinde zu ersticken, ebenso wie eine Plazenta am falschen Ort das ungeborene Leben bedrohen kann. Jesus wußte dies. In Matthäus 23 (und nicht nur dort) wandte er sich genau gegen dieses Phänomen. Zur Zeit Jesu hießen die Leiterpersönlichkeiten an strategisch wichtiger Stelle Pharisäer. Von Anfang an hatten es diese religiösen Leiter darauf abgesehen, den lebenspendenden Dienst Jesu zu zerstören.[1] In einem Kommentar zum 23. Kapitel des Matthäusevangeliums führt Dale Brunner aus:

> «In diesem Kapitel greift Jesus jegliche Art falscher Frömmigkeit an, besonders aber die falsche Art der religiösen Führerschaft. Nach Ansicht Jesu stellten die Pharisäer das Hauptproblem Israels dar ... Es ist der religiösen Führerschaft der Pharisäer vorzuwerfen, daß Israel den Weg zu Jesus und dem Himmelreich, daß sich in ihm offenbarte, nicht fand.»[2]

Die Pharisäer hatten sich selbst zu Führern und Herrschern über das Volk gemacht und eine besonders bevorzugte Religionsgemeinschaft geschaffen. Eines der Kennzeichen dieser Gemeinschaft war die kultische Reinheit. Hier kannten die Pharisäer kein Pardon: Nichts ging ihnen über ihre Reinheitsgesetze. Diejenigen Juden, die sich daran hielten, wurden für angesehene und noble Bürger gehalten. Wer sich nicht daran hielt, wurde aus der Gemeinschaft ausgestoßen. Diese Macht der Pharisäer, zu bestimmen, wer «Insider» und «Outsider» war, kommt deutlich in Johannes 12,42–43 zum Ausdruck, wo berichtet wird, daß eine Reihe führender Juden an Jesus als den Messias glaubte, sich jedoch nicht traute, dies zuzugeben, aus Angst, sie würden aus der Synagoge ausgeschlossen. Der geistliche Machtmißbrauch der Pharisäer bestand demnach in ihrer Entscheidungsgewalt über die Zugehörigkeit zur Religionsgemeinschaft.

Einer der Hauptstreitpunkte zwischen Jesus und den Pharisäern bestand in seinem Angriff auf ihre Reinheitsgebote. Daß er sich herausnahm, diese Gebote öffentlich zu brechen und in seinen Reden Stellung dagegen zu beziehen, wurmte die Pharisäer außerordentlich. Denn damit brach Jesus die Mauern ein, welche die Pharisäer mühsam um das Terrain ihrer religiösen Gemeinschaft gezogen hatten. Die Pharisäer liebten es, als Türhüter dieser Gemeinschaft zu fungieren und zu bestimmen, wer herein durfte und wer nicht. Und nun kam Jesus und ließ einfach alle herein: die Prostituierten ebenso wie die verhaßten

Steuereintreiber. Damit entzog er den Pharisäern die Herrschaft über ihre Herde. Kein Wunder also, daß sie mit blankem Haß reagierten.

Die religiösen Leiter unserer Tage, die an strategisch wichtiger Stelle das geistliche Leben ihrer Gemeinde blockieren, sind ebenfalls Menschen, die sich als Türhüter aufspielen und so tun, als ob religiöse Leistung (statt Glaube) zum Eingang in das Himmelreich berechtigte. Indem sie dies tun, setzen sie in der heutigen Zeit das Werk der Pharisäer fort.

In den meisten Fällen einer solchen Art von Mißbrauch geht es um die Herrschaft über Menschen. Als Jesus Gottes Reich verkündete und sich selbst als Messias (also Leiterfigur) bezeichnete, merkten die Pharisäer, daß das Ende ihrer Herrschaft über das Volk gekommen war. Dies führte nicht nur zum Zorn auf Jesus, sondern auch dazu, daß sie ihre Macht gegen ihn einsetzten. Mißbrauch setzt stets Macht voraus, und die Pharisäer hatten Macht.

Religiöse Skrupellosigkeit, verbunden mit dem Wunsch, Macht über Menschen zu besitzen, machte die Pharisäer zu den gefährlichsten Menschen der damaligen Zeit. C. S. Lewis drückte es einmal folgendermaßen aus: «Wenn die göttliche Berufung uns nicht zu besseren Menschen macht, wird sie uns unweigerlich zu schlechteren machen. Von allen schlechten Menschen sind die religiös-verbrämt schlechten die schlimmsten.»[3]

Daß Jesus den Pharisäern auf eine schroffe Art und Weise begegnete, war nichts Neues. In Matthäus 23 jedoch erreichen seine Wut und sein Zorn ihren Höhepunkt. Wenn ein Mensch ohnehin zum Ärger neigt und hin und wieder «ausrastet», wird uns sein Ärger nicht sehr beeindrucken. Wenn jemand jedoch durch sein Leben bewiesen hat, daß er von ruhiger und besonnener Art ist, und dann trotzdem bei einer bestimmten Gelegenheit wütend wird, schockiert uns das. Dies ist auch der Grund, warum der Zorn Jesu gegen die geistliche Leiterschaft Israels so beeindruckend ist.

Zorn hat unterschiedliche Auswirkungen. Eine davon besteht darin, daß unser Zorn offenbart, was uns wirklich etwas wert ist. Jemand wird nur dann wütend, wenn ihm eine bestimmte Sache nicht gleichgültig ist. Ich zum Beispiel ärgere mich, wenn ich in einer Schlange stehe und nicht bedient werde. Warum? Weil es mir etwas wert ist, daß ich meine Zeit gut nutze. Wenn meine drei ältesten Söhne in der Garage basteln und hinterher nicht wieder aufräumen, werde ich ebenfalls ärgerlich. Warum? Weil mir eine saubere Garage etwas bedeutet. Und wenn wir – so wie Jesus – zornig werden über Menschen, die geistlichen Mißbrauch betreiben, zeigt dies, daß uns das Wohlergehen der Opfer am Herzen liegt. Um es mit David Seamands zu sagen: «Ein Mensch, der niemals zornig wird, ist ein Mensch, dem die Begeisterung für das Gute fehlt. Wer das Falsche nicht haßt, wird auch die Gerechtigkeit nicht lieben können.»[4]

Es gibt im Neuen Testament mehrere Begebenheiten, die zeigen, wie Jesus ärgerlich wurde – und damit auf das hinweisen, was ihm am Herzen lag. In jeder einzelnen Begebenheit wird deutlich, daß Jesus die Menschen höher achtete als die Religiosität. Besonders im 23. Kapitel des Matthäusevangeliums wird deutlich, wie sehr er sich um die Opfer falsch verstandener religiöser Autorität sorgte. Und daß Jesus äußerst zornig auf die Pharisäer war, sollte auch den heutigen Opfern geistlichen Mißbrauchs Mut machen, den Versuch zu unternehmen, sich dem Klammergriff ihrer Macht zu entziehen.

Jesus zeigt in seiner Auseinandersetzung mit den Pharisäern zunächst einmal, wie diese es überhaupt geschafft hatten, ihre Untergebenen derart zu beherrschen. Sie leiteten ihren Machtanspruch vom «Stuhl des Mose» her: «Da redete Jesus zu dem Volk und zu seinen Jüngern und sprach: Auf dem Stuhl des Mose sitzen die Schriftgelehrten und Pharisäer» (Mt 23,1–2). Wenn Jesus von diesem Stuhl spricht, handelt es sich dabei übrigens nicht um eine bloße Metapher. Es gab vor der Synagoge tatsächlich einen Steinsitz oder «Thron», auf dem ein Gesetzeslehrer Platz nehmen konnte.[5] Diese Machtposition hatten sich die Pharisäer angeeignet. Für sie galt: «Wer auf dem Stuhl des Mose sitzt, hat ein Recht auf die Macht, das Volk zu beherrschen.»[6]

Heutzutage hört man oft: «Wissen ist Macht.» Zur Zeit Jesu bestand dieses Wissen in der Kenntnis des mosaischen Gesetzes. Die Pharisäer kannten das Gesetz vom Anfang bis zum Ende. Viele von ihnen hatten große Teile daraus auswendig gelernt. Von ihrem «Experten-Thron» aus sahen sie auf das «gemeine Volk» herab – «das Volk ..., das nichts vom Gesetz weiß» (Joh 7,49). Für diese Mißbraucher im Amt hatte der Stuhl des Mose etwa die Funktion, die für heutige kirchliche Leiter der theologische Doktor- oder Pfarrertitel hat.

Vorsicht Amtsträger!

Ich kenne Pastoren, die zu ihrer Gemeinde sagen: «Weil ich der Pastor bin, müßt ihr tun, was ich sage.» Sie glauben, mittels Amt oder Titel Autorität zu besitzen, obwohl Autorität nur von Gott verliehen werden kann. Ich kenne Pfarrer, die ihrer Gemeinde zu verstehen geben: «Weil ich einen Doktortitel habe, muß das, was ich sage, stimmen.» Doch wenn das, was sie sagen, falsch ist, wird es auch durch einen Doktortitel nicht richtig. Wahrheit und Titel haben zunächst einmal nichts miteinander zu tun. Der Gipfel in dieser Beziehung ist natürlich der Anspruch des Papstes, der direkte Stellvertreter Christi auf Erden und Nachfolger des Apostels Petrus zu sein. Ich finde dies besonders insofern interessant, als Petrus der einzige Jünger ist, den Jesus jemals mit «Satan» angeredet hat, ganz abgesehen davon, daß auch die im zweiten Kapitel des Galaterbriefes berichtete Kontroverse mit Paulus diesen Apostel nicht gerade in einem positiven Licht zeigt.

Jeder Macht- oder Autoritätsanspruch, der sich auf ein Amt oder einen Titel gründet, ist demnach falsch. Nur die Wahrheit darf Autorität für sich beanspruchen, und nur ihr haben wir uns unterzuordnen.

Männer (und gelegentlich auch Frauen), die für sich beanspruchen, auf dem «Stuhl der Macht» zu sitzen, neigen immer wieder dazu, diesen «Stuhl der Macht» ein wenig zu verzieren: durch bestimmte Ansprüche, Zeugnisse, Ausbildungsnachweise, «Eindrücke», Gott habe ihnen etwas gezeigt, «prophetische Worte» oder «geistliche Erfahrungen». All dies soll dazu dienen, ihren Machtanspruch zu zementieren, wobei doch in Wirklichkeit geistliche Autorität auf jeden derartigen Nachweis verzichten kann.

Ein weiterer Trick, geistliche Leiter auf dem Stuhl des Mose festzuhalten und sie ihrer Verantwortung vor der Gemeinde zu entheben, besteht darin, sie als «Gesalbte des Herrn» zu bezeichnen. Ein Gesalbter des Herrn ist nämlich – so die Argumentationsweise – von Gott direkt eingesetzt und muß deshalb mit besonderer Ehrfurcht behandelt werden. Zwar findet sich dieser Ausdruck in Stellen wie 1. Chronik 16,22 und Psalm 105,15; der Begriff wird jedoch durch eine solche Art der Auslegung völlig aus dem Zusammenhang gerissen. Jene Worte Davids bedeuten lediglich, daß es verboten war, Saulus zu töten, der damals König und damit Gesalbter des Herrn war.

Mit der heutigen Zeit, und vor allem mit heutigen geistlichen Leitern, haben diese Verse nichts zu tun. Das israelitische Klassensystem mit seiner Hierarchie aus Propheten und Priestern ist durch das Neue Testament abgeschafft worden. Wir heutigen Christen haben einen König und sind zum allgemeinen Priestertum und zur allgemeinen Prophetie berufen. Die Salbung, mit der in alttestamentlichen Zeiten einzelne Propheten und Priester ausgestattet waren, ist in neutestamentlicher Zeit über das gesamte Volk Gottes ausgegossen worden. Wer einen heutigen christlichen Leiter mit einem alttestamentlichen «Gesalbten des Herrn» vergleicht, schafft eine neue Klassengesellschaft und verleiht einem Menschen einen Rang, der ihm nicht zusteht.

Wer sich als Leiter auf seine Salbung (oder sein Amt) beruft und ein hierarchisches System aufbaut, will auf diese Weise lediglich seine Untergebenen beherrschen und sich der Verantwortung und Möglichkeit der Kritik entziehen.

Daß viele heutige Leiterpersönlichkeiten weiterhin eine solche Hierarchie verfechten, geht teilweise auf Schriften des einflußreichen chinesischen Christen Watchman Nee zurück. Nee betont, daß eine hierarchische Gemeindeordnung insofern gottgewollt ist, als Christus das Haupt der Gemeinde ist und man «deshalb nicht umhin kann, anzuerkennen, daß es nicht nur ein Haupt gibt, sondern auch Menschen, die in der Gemeinde dieses Haupt repräsentieren. Wer sich demzufolge gegen seine Leiter auflehnt, lehnt sich gegen Gott auf».[7] Nee fordert an anderer Stelle blinden Gehorsam gegenüber geistlichen Autoritäten und sagt, daß «mangelnde Unterordnung Rebellion gegen Gott ist und sich der Rebell für diese Art von Rebellion vor Gott wird verantworten müssen.»[8]

Watchmann Nee hat in dieser Beziehung eine Reihe von Nachahmern gefunden: Leiterpersönlichkeiten, die behaupten, daß «Jesus heute durch eine delegierte Autorität regiert, indem er nämlich in der Gemeinde Menschen zu unseren Leitern bestimmt. Wo diese Autorität Einfluß nehmen will auf unser Leben, verlangt Gott von uns, dies anzuerkennen und uns den Leitern unterzuordnen, so wie wir uns Gott selbst unterordnen würden.»[9]

Ein weiterer fehlgeleiteter christlicher Leiter führt aus: «Ein Jünger gehorcht seinem Lehrer, auch wenn er nicht versteht, was dieser von ihm verlangt. Weil er ein lernbereites Herz haben möchte, wird er vollkommen gehorsam sein und auch dann noch das tun, was von ihm verlangt wird, wenn es dem widerspricht, was er selbst normalerweise denken oder tun würde. Wer dem Menschen mißtraut, den Gott in sein Leben gestellt hat, mißtraut Gott, denn der Glaube an Gott zeigt sich in dem Glauben an seine Jünger.»[10]

Paulus hätte diesen Worten sicher nicht zugestimmt, denn wie bereits erwähnt, scheute sich der Apostel nicht, seinen (ihm altersmäßig überlegenen) Mitapostel Petrus in Antiochia scharf zur Rede zu stellen. Als Paulus den Eindruck hatte, daß Petrus «nicht richtig handelte nach der Wahrheit des Evangeliums» (vgl. Gal 2,14), «widerstand er ihm ins Angesicht, denn es war Grund zur Klage gegen ihn» (vgl. Vers 11).

Hier zeigt Paulus ganz klar, daß die Wahrheit des Evangeliums stets über dem Titel oder Rang steht, den jemand innerhalb der Kirche einnimmt. Die Wahrheit und der sich daraus ergebende Autoritätsanspruch sind unabhängig von Persönlichkeiten und Ämtern. Sie gründen sich einzig und allein auf das Wort Gottes und das in der Bibel verkündigte Evangelium. Ich stimme Michael Horton zu, der ausführt, «daß es so etwas wie einen ‹Gesalbten des Herrn› (in dem Sinne, daß dieser Mensch höher steht als das Wort Gottes) überhaupt nicht gibt. Sämtliche Ansprüche, göttliche Autorität durch eine bestimmte Führung oder Offenbarung zu besitzen, sind ein Zeichen von geistlicher Tyrannei und Pharisäismus.»[11]

Doch immer noch gibt es, entgegen der klaren Lehre des Neuen Testaments, kirchliche Persönlichkeiten, die sich ein hierarchisches System ausgedacht und sich selbst an dessen Spitze gesetzt haben. Doch eine solche Vorstellung von «geistlicher Leiterschaft», womöglich durch eine bis auf die ersten Apostel zurückgehende «apostolische Sukzession», verkennt die Besonderheit der Gemeinde als «Leib Christi». Es gibt in diesem Leib keine Autorität, die von oben nach unten weitergegeben wird. Und es sollte erst recht nicht von den weiter unten angesiedelten «normalen» Gläubigen verlangt werden, sich ihren geistlichen Leitern so unterzuordnen, wie sie sich Christus unterordnen würden.

Wie die meisten Irrlehren, enthält auch diese Vorstellung einen wahren Kern, betont ihn jedoch so sehr, daß daraus eine Unwahrheit entsteht. Die Vorstellung der geistlichen Leiterschaft im Sinne einer «apostolischen Sukzession» ist so verstanden eine Unwahrheit. Zum einen gibt es keinen biblischen Beleg für eine solche autoritative Gemeindestruktur, zum anderen widerspricht sie den klaren biblischen Lehren von der Gleichheit aller Gläubigen (Mt 23,8–12), der Bruderschaft innerhalb der Gemeinde (Mt 18) und der Gleichwertigkeit der «Glieder am Leib Christi» (1. Kor 12,14–26). In Matthäus 10,1 wird deutlich, daß Jesus den Jüngern seine Vollmacht direkt übertragen hat, indem er ihnen die Kraft verlieh, Kranke zu heilen und Dämonen auszutreiben. Nirgendwo ist die Rede davon, daß Jesus Macht über Menschen verleiht. Die Machtbeweise galten vielmehr den Krankheiten und bösen Geistern.

Gelegentlich rechtfertigen Pastoren und Gemeindeleiter ihr autoritäres Verhalten mit dem Hinweis auf die «Einheit der Gemeinde». «Wir brauchen einen starken Leiter», so betonen sie, «um Spaltungen innerhalb unserer Gemeinde zu verhindern.» Die Antwort auf dieses Argument lautet natürlich, daß Einheit niemals durch Zwang erreicht werden kann. Christlich verbrämtes Autoritätsdenken verwechselt geistliche Einheit mit Duckmäusertum. Einheit wird erreicht, wenn sich freie Menschen gegenseitig und freiwillig einander unterordnen. Wie so etwas möglich ist, bleibt ein Geheimnis Gottes. Eine so verstandene Einheit ist mit Sicherheit riskant und auch von Rückschlägen begleitet. Uniformität hingegen kann verordnet, überprüft und überwacht werden. Uniformität ist etwas Äußeres, Einheit dagegen etwas Inneres. Uniformität wünscht sich einheitliches, korrektes Verhalten; Einheit dagegen fördert die rechte innere Einstellung. Pastoren, die Uniformität predigen, glauben, daß wir alle Gott auf dieselbe Art und Weise erfahren und dieser Erfahrung mit denselben Worten Ausdruck verleihen müßten. Wahre Einheit freut sich auch über die Unterschiede.

Pastoren und Gemeindeleiter, die geistlichen Mißbrauch verüben, sind in der Lage, Uniformität zu erzwingen, weil sie auf die entsprechenden hierarchischen Strukturen zurückgreifen können und weil sie innerhalb der Gemeinde bevorzugt behandelt werden.

Doch die Anerkennung, die wir unseren Leitern zollen, kann immer nur freiwillig erfolgen. Sie darf sich nicht auf einen «Stuhl der Macht» gründen, sondern auf Führung, die in einem dienstbereiten Geist wurzelt. Wahre Leiter dienen Christus ebenso wie ihrer Gemeinde.

Jeder Leiter ein Diener

Jesus hat es unmißverständlich klargestellt, daß die einzig legitime Art der Leiterschaft eine dienende Leiterschaft ist. Er wies darauf hin, daß zwar in der Welt die vorgesetzten Autoritäten ihre Untergebenen unterdrücken, betonte aber: «Unter euch soll es nicht so sein.» Wenn jemand «groß sein» wolle – so Jesus Christus –, sei das schön und gut, aber die Größe solle sich einzig und allein in der Dienstbereitschaft zeigen. Der wahrhaft Große ist ein Sklave, kein Herrscher (Mt 20,24–28; vgl. auch Joh 13). Diese Worte Jesu können unseren Blick dafür schärfen, wer in unseren Gemeinden wirklich Autorität besitzt.

In Lukas 12,42 zeigt uns Jesus in Form eines Gleichnisses, wie wahre geistliche Autorität aussieht: «Wer ist denn der treue und kluge Verwalter», fragt er, «den der Herr über seine Leute setzt, damit er ihnen zur rechten Zeit gibt, was ihnen zusteht?» Wahre Leiter sind nicht unbedingt besonders begabt. Sie brauchen kein besonderes Amt und keinen akademischen Titel, der ihren Rang unterstreicht, auch keinen «Stuhl des Mose», der ihnen das Recht gibt, über andere zu herrschen. Sie brauchen nur eines: Glaube und Weisheit, ihrer anvertrauten Herde die Nahrung zu geben, die sie benötigt.

Ich kenne einige Pastoren, die immer wieder auf ihre Titel und Zeugnisse hinweisen, um dadurch den Respekt ihrer Gemeinde zu verdienen. Sie wirken sehr entschlossen und bemühen sich nach Kräften um das Vertrauen ihrer Gemeinden, erkennen jedoch nicht, daß Jesus eigentlich nur eines von ihnen verlangt: die Zubereitung guter und gesunder (nicht unbedingt exotischer) geistlicher Nahrung und ein Wissen darum, wer was wann braucht. Wenn Jesus einen guten Leiter also im Grunde mit einem Koch vergleicht (denn dies war die Hauptaufgabe der damaligen «Hausverwalter»), so nennt er diese Eigenschaft nicht als eine Möglichkeit unter vielen. Es gibt für Jesus einfach keine andere Art der Leiterschaft als die dienende, und wer dies als Pastor nicht wahrhaben will, unterliegt dem göttlichen Gericht. Er wird, wie es im Text heißt, «viel Schläge erleiden müssen» (Vers 47) und «in Stücke gehauen werden» (vgl. Vers 46).

Jesus tat mehr, als seinen Jüngern nur zu erklären, wie sich ein guter Hausdiener verhält. Er machte es ihnen vor. In der damaligen Zeit fiel der Dienst der Fußwaschung dem niedrigsten aller Haussklaven zu. Jesus übernahm diesen Dienst und sagte zu seinen Jüngern: «Ihr nennt mich Meister und Herr und sagt es mit Recht, denn ich bin's auch. Wenn nun ich, euer Herr und Meister, euch die Füße gewaschen habe, so sollt ihr euch untereinander die Füße waschen. Ein Beispiel habe ich euch gegeben ...» (Joh 13,13–15).

Und die demütige, dienstbereite Leiterschaft Jesu war nicht nur eine zeitlich bedingte Angelegenheit. Jesus ist auch heute noch unser Diener! Als er die Jünger auf seine Wiederkunft am Ende der Zeiten vorbereitete, sagte er: «Selig sind die Knechte, die der Herr, wenn er kommt, wachend findet.» Und dann fügte er hinzu (als wohldosierter Schock für all die, die auf einen schwertschwingenden, kosmischen Richter warten): «Er wird sich schürzen und wird sie zu Tisch bitten und kommen und ihnen dienen» (Lk 12,37).

Auch Paulus weist immer wieder darauf hin, daß der dienende Leitungsstil Jesu unser Vorbild sein soll. «Ein jeder sei gesinnt, wie Jesus Christus auch war. Er, der in göttlicher Gestalt war, hielt es nicht für einen Raub, Gott gleich zu sein, sondern entäußerte sich selbst und nahm Knechtsgestalt an, ward den Menschen gleich und der Erscheinung nach als Mensch erkannt» (Phil 2,5–7). Jesus legte also seine Stellung als Sohn Gottes (seine «positionsbedingte» Autorität) ab und nahm eine «funktionsbedingte Autorität» an, indem er unser aller Diener wurde. Als seine Nachfolger müssen wir darauf achten, daß wir niemals eine positionsbedingte Autorität höher einschätzen als eine funktionsbedingte «Diener-Autorität».

Der positionsbedingten Autorität wohnt die Macht zum Zwang und zum Druck inne. Dienende Autorität legt jeglichen Machtanspruch freudig zur Seite, so daß alle, die gehorchen wollen, dies fröhlich und ohne Druck tun können.

Auch Jesus zwingt seine Nachfolger nicht. Er übt keinen Druck aus. Er führt, ohne die Geführten zur Nachfolge zu zwingen. Als er auf der Erde war, durften alle wieder gehen, denen der Preis der Nachfolge zu hoch war (vgl. Joh 6,66–71). Jesus führt durch Freundschaft, nicht durch Angsterzeugung. Seine allmächtige, souveräne Gnade befähigt uns, uns seiner Herrschaft unterzuordnen (was die beste Entscheidung unseres Lebens ist!); sie legt diese Entscheidung aber nicht fest. Und wer ihn als Retter angenommen hat, darf die Freiheit der Wahlmöglichkeit behalten. Jeden Tag neu lädt Jesus uns ein, ihm aus freien Stücken nachzufolgen. Niemals wird er uns seine alles umfassende Autorität aufzwingen.

Paulus hat sich diese Art von druckfreier, nicht mißbrauchender Leiterschaft auch für seinen eigenen Führungsstil zum Vorbild genommen. Der Apostel setzt sich dafür ein, daß der Leib Christi ein nicht-hierarchischer, lebendiger Organismus ist. Er macht deutlich, daß innerhalb des Leibes allen Gliedern derselbe Status zukommt, ja daß sogar denjenigen Gliedern, die normalerweise für geringer gelten, die größte Ehre zukommt (vgl. 1. Kor 12,24–25).

Wenn Paulus auch die Ämter eines Apostels, Propheten, Evangelisten usw. anerkennt, so hält er diese jedoch für Gaben oder Ressourcen, die dem Leib zugute kommen sollten. Nirgendwo in den Briefen des Paulus findet sich ein Hinweis darauf, daß der Apostel eine «Autoritätspyramide» gefordert hätte. Als die Menschen, die durch Paulus zum Glauben gekommen waren, die Autorität des Apostels ablehnten, versuchte dieser nicht, sie durch Druckausübung wieder in «Reih und Glied» zu zwängen. Auch wenn Paulus der Apostel mit der größten apostolischen Autorität war, benutzte er keine amtliche oder geistliche Macht, um diese Autorität zu verteidigen. Er begegnet den Korinthern vielmehr mit den Worten: «Ich ermahne euch bei der Sanftmut und Güte Christi» (2. Kor 10,1; vgl. auch Röm 10,1; 2. Kor 1,24; 8,8; 1. Thess 2,7; Phlm 8–9).

Niemals bezog sich Paulus auf den «Stuhl des Mose» oder eine ähnliche Machtbefugnis, um seine Meinung durchzusetzen. Statt dessen machte er sich seinen Gegnern gegenüber verletzlich und bat sie, auch ihrerseits in Liebe zu reagieren: «O ihr Korinther, unser Mund hat sich euch gegenüber aufgetan, unser Herz ist weit geworden. Eng ist nicht der Raum, den ihr in uns habt; eng aber ist's in euren Herzen. Ich rede mit euch als mit meinen Kindern; stellt euch doch auch zu mir so, und macht auch ihr euer Herz weit» (2. Kor 6,11–13).

Wir haben gesehen, daß wahre Autorität eine Folge von demütiger Dienstbereitschaft ist und Unterordnung unter eine solche Art der Autorität nur freiwillig geschehen kann. Wenn man Leiterschaft und Nachfolge auf diese Art und Weise versteht, wird jede Art des geistlichen Mißbrauchs von vornherein ausgeschlossen.

Gehorchen oder nicht gehorchen?

Nun mag jemand einwenden: «Aber es gibt doch Verse, die den Gehorsam geradezu fordern» – zum Beispiel 1. Thessalonicher 5,12–13, wo Paulus sagt: «Wir bitten euch aber, liebe Brüder, erkennt an, die an euch arbeiten und euch vorstehen in dem Herrn und euch ermahnen; habt sie um so lieber um ihres Werkes willen. Haltet Frieden untereinander.»

Oder jemand mag Hebräer 13,17 anführen, wo es heißt: «Gehorcht euren Lehrern und folgt ihnen, denn sie wachen über eure Seelen – und dafür müssen sie Rechenschaft geben.»

Nun, zum einen beziehen sich diese Verse sicher nur auf solche Leiterpersönlichkeiten, die sich zunächst als Diener erwiesen haben, d. h. als solche Menschen, die «über die Seelen» ihrer Mitchristen wachen. Zum zweiten bedeutet das im Griechischen an dieser Stelle benutzte Wort für «gehorchen» (peithomai) keine durch Zwang oder Dekret verordnete Unterordnung, sondern ein vertrauensvolles Gehorchen gegenüber einem Menschen, der sich dieses Vertrauen aufgrund seines Charakters verdient hat.[12]

Ray Peacock sagt in einer Auslegung von dieser Stelle (Hebr 13,17): «Diese Art von Gehorsam zerstört nicht den Willen des Individuums. Es ist kein blinder Gehorsam, der alles tut, was von einem verlangt wird, sondern eine Einladung zum Mitdenken und Nachdenken darüber, ob das Geforderte auch mit dem Willen Gottes im Einklang steht. Letztendlich muß das persönliche Gewissen entscheiden.»[13]

Robert Clinton ist der gleichen Ansicht. In seinen Ausführungen über das Thema «geistliche Autorität» sagt er: «Es gibt eine Art der Überzeugungskraft, die den Willen des anderen hoch achtet und ihm zubilligt, selbst moralisch verantwortlich zu sein.»[14]

Nach dem Neuen Testament jedenfalls hat ein geistlicher Leiter kein Anrecht auf eine Leiterfunktion mittels Amt oder

Einsetzung. Er hat lediglich die Möglichkeit, diejenigen, die ihm untergeordnet sind, einzuladen, mit ihm zusammenzuarbeiten. Kein Leiter hat ein Recht auf Zwang oder Druck, und jegliche Mitarbeit im Reich Gottes ist vollkommen freiwillig.

Es bleibt die Frage, wie es dazu kommt, daß es geistlichen Führungspersönlichkeiten (damals wie heute) so erfolgreich gelingt, den «Stuhl des Mose» als Autoritätsnachweis anzuführen, um andere Menschen zu manipulieren, zu unterdrücken und zu mißbrauchen. Auf die Psychologie der geistlichen «Mißbraucher» wird in späteren Kapiteln noch einzugehen sein. Fürs erste mögen einige wenige Hinweise genügen, um eine Antwort darauf zu geben, warum sonst intelligente, selbstbewußte Menschen Opfer geistlichen Mißbrauchs werden.

Es ist in jeder uns bekannten Form der menschlichen Gesellschaft ein Phänomen, daß Menschen durch andere Menschen geführt werden wollen. Viele neigen dazu, den Weg des geringsten Widerstands zu gehen und anderen die Entscheidungen zu überlassen, die sie eigentlich nur selbst treffen können. Die Bibel macht sich über diese menschliche Eigenart keine Illusionen, was man zum Beispiel auch daran erkennen kann, daß sie uns immer wieder als «Schafe» bezeichnet. Wir sind nun einmal daran gewöhnt, Menschen als Leiter über uns zu haben und die Gesetze, die diese Menschen für uns machen, zu befolgen. Selbst wenn unsere Leiter Gesetze erlassen, die uns in irgendeiner Weise mißbrauchen, ist unsere erste Reaktion die, daß wir «um des lieben Friedens willen» tun, was von uns verlangt wird.

Mit dieser menschlichen Neigung zur Unterordnung hängt unsere unheilbare Religiosität eng zusammen. Jeder Mensch trägt ein Verlangen nach Gott in sich. Dieses Verlangen gehört zu den wichtigsten Aspekten unseres Menschseins. Leiterfiguren, die sich auf den «Stuhl des Mose» setzen und als Stellvertreter Gottes ausgeben, können deshalb davon ausgehen, daß es genügend Menschen gibt, die ihnen folgen. Es ist darum nicht erstaunlich, daß diejenigen Menschen, die am ernsthaftesten danach streben, Gott zu gefallen, auch diejenigen sind, die am anfälligsten für geistlichen Mißbrauch sind.

Ich kenne Frauen, die sich jahrelang ihren Männern untergeordnet haben, obwohl diese Männer sich ihnen gegenüber gewalttätig verhielten. Jene Frauen taten dies in der guten (wenn auch falsch verstandenen) Absicht, damit Gottes Willen zu erfüllen. Sie dachten, sie würden sich ihm selbst unterordnen, wenn sie sich ihren Männern unterordneten. Andere Menschen sind aus denselben Gründen in einer Gemeinde geblieben, in denen die Leiter geistlichen Mißbrauch verübten.

Einen Trost möchte ich Ihnen als Opfer geistlichen Mißbrauchs schon jetzt mitgeben: Daß Sie unter diktatorischen Gemeindeleitern gelitten haben, war nicht Ihr Fehler, sondern der Fehler dieser Leiter. Sie haben recht; jene Menschen haben Unrecht. Und daß Sie Gott gefallen möchten, ist im Prinzip eine gute und lobenswerte Einstellung.

Dennoch hat uns Christus zu geistlicher Reife berufen. Und dies beinhaltet ab und zu Widerstand gegen geistliche Leiterpersönlichkeiten, so wie auch Jesus den Pharisäern Widerstand entgegengesetzt hat. Ich stimme den Autoren Stephen Arterburn und Jack Felton zu, die betonen: «Wir brauchen den Mut, ein System zu verwerfen, wenn sich das System als falsch herausgestellt hat, handle es sich dabei um eine Ehe oder eine Organisation. Wer angesichts des Unrechts und der Gewalt, der Unehrlichkeit und des Mißbrauchs schweigt, macht sich schuldig daran, daß dieser Mißbrauch von Generation zu Generation weitervererbt wird.»[15]

Wir Menschen werden wohl immer eine Sehnsucht nach Führungspersönlichkeiten in uns tragen, und wir werden auch unsere Sehnsucht nach Gott nicht loswerden. Wir müssen es jedoch lernen, zwischen guten Hirten und Leitern, die ihr Amt mißbrauchen, zu unterscheiden. Im nächsten Kapitel geht es um Prinzipien, die uns zu einem solchen Unterscheidungsvermögen verhelfen können.

Wir dürfen gute Wahrheiten nicht deshalb verachten, weil sie von schlechten Pfarrern gepredigt werden. Und wir sollten gute Gesetze nicht deshalb geringschätzen, weil sie von schlechten Beamten durchgesetzt werden.

Matthew Henry

Hütet euch vor dem Sauerteig der Pharisäer und Sadduzäer!

Jesus Christus (Mt 16,6)

Kapitel 3

Der «Sauerteig der Pharisäer» – es gibt ihn noch

Die Pharisäer waren die offiziellen Theologen der damaligen Zeit. Es waren qualifizierte Bibellehrer, die sich in der Heiligen Schrift auskannten. Viele von ihnen hatten Teile daraus (einschließlich ganzer Bücher) auswendig gelernt. Auch in der Anwendung der biblischen Prinzipien waren diese Männer geschult. Wenn jemand aus dem «gewöhnlichen Volk» wissen wollte, welcher Bibeltext zu einer bestimmten Alltagssituation passen würde, konnte er einen Pharisäer fragen und bekam eine präzise Antwort. Die Pharisäer waren als Theologen arbeitsame, geschulte, gut organisierte und – in den Augen des Volkes – moralisch höchst integre Menschen.

Doch obwohl diese Gelehrten den Respekt des Volkes genossen, hatte Jesus eine starke Abneigung ihnen gegenüber – jedenfalls legen seine Auseinandersetzungen mit ihnen diesen Schluß nahe. Er beschimpfte sie, mißbilligte ihre Taten und wandte sich gegen ihre Lehren. Wann immer er sich in seinen Lehraussagen auf die Pharisäer bezog, tat er dies, indem er sie als Negativbeispiel anführte. Obwohl die Pharisäer den Wortlaut der Bibel kannten, hatten sie nach den Aussagen Jesu deren eigentliche Botschaft überhaupt nicht begriffen. Jesus hielt ihnen entgegen: «Der Vater, der mich gesandt hat, hat von mir Zeugnis gegeben. Ihr habt niemals seine Stimme gehört noch seine Gestalt gesehen, und sein Wort habt ihr nicht in euch wohnen; denn ihr glaubt dem nicht, den er gesandt hat. Ihr sucht in der Schrift, denn ihr meint, ihr habt das ewige Leben darin; und sie ist's, die von mir zeugt; aber ihr wollt nicht zu mir kommen, daß ihr das Leben hättet» (Joh 5,37–40).

Die Tragödie der Pharisäer bestand also darin, daß sie nicht erkannten, daß ihnen in Jesus das Leben begegnete. Doch was Jesus noch sehr viel mehr in Zorn versetzte, war die Tatsache, daß die Pharisäer das Leben denjenigen vorenthielten, die zu ihnen als geistliche Leiter aufblickten. Matthäus 9,35–36 macht deutlich, daß sich diejenigen, die als Hirten für Israel bestimmt waren, für das Volk Gottes als unnütz, ja schädlich, erwiesen hatten: «Und Jesus ging ringsum in alle Städte und Dörfer, lehrte in ihren Synagogen und predigte das Evangelium von dem Reich und heilte alle Kranheiten und alle Gebrechen. Und als er das Volk sah, jammerte es ihn; denn sie waren verschmachtet und zerstreut wie die Schafe, die keinen Hirten haben.»

Jesus sprach diese Worte offensichtlich mitten in einer Synagoge, zu einem Zeitpunkt, als eine große Menschenmenge und sehr viele Pharisäer zugegen waren. Wir machen uns heute kaum noch eine Vorstellung davon, welch ein ungeheurer Vorwurf dies war. Stellen Sie sich nur einmal vor, Sie gingen am nächsten Sonntag zum Gottesdienst, würden dort aufstehen und an Pastor und Presbyter gewandt sagen: «Diese Gemeinde hier ist das reinste Chaos. Ihr fehlt das Leben und die Kraft Gottes, und wißt ihr, woran es liegt? Daran, daß diejenigen, die sich hier Pastoren nennen, diesen Namen gar nicht verdient haben!»

Das Ausnutzen der «Schafe»

Jesus unterzog die Leistung der Pharisäer einer strengen Qualitätskontrolle, und sein Urteil darüber lautete schlicht: «Ungenügend.» Als er dies tat, dachte er bestimmt auch an die Hirten aus der Zeit des Propheten Hesekiel. Wie die Aufgabe eines vorbildlichen Hirten aussieht, wird am deutlichsten (wenn auch anhand von Negativbeispielen) in Hesekiel 34 beschrieben. Was Gott von den damaligen Hirten hält (nämlich nichts), kommt dort in deutlichen Worten zum Ausdruck:

> «Wehe den Hirten Israels, die sich selbst weiden! Sollen die Hirten nicht die Herde weiden? Aber ihr eßt das Fett und

kleidet euch mit der Wolle und schlachtet das Gemästete, aber die Schafe wollt ihr nicht weiden. Das Schwache stärkt ihr nicht, und das Kranke heilt ihr nicht, das Verwundete verbindet ihr nicht, das Verirrte holt ihr nicht zurück, und das Verlorene sucht ihr nicht; das Starke aber tretet ihr nieder mit Gewalt. Und meine Schafe sind zerstreut, weil sie keinen Hirten haben, und sind allen wilden Tieren zum Fraß geworden und zerstreut» (Hes 34,2–5).

Westliche Pastoren werden heute allzuoft nach ihren Predigten und administrativen Fähigkeiten beurteilt. Doch als Gott seinen Hirten ihre Aufgaben zuwies, war von diesen Fähigkeiten gar nicht die Rede.

Sein Vorwurf an die damaligen Hirten lautete: «Ihr stärkt nicht die Schwachen und heilt nicht die Kranken!» Die falschen Hirten Israels hatten es versäumt, «das Verirrte zu holen und das Verlorene zu suchen». Sie hatten offensichtlich etwas Wichtigeres zu tun, als sich um ihre Herde zu kümmern.

Statt dessen übten sie Gewalt aus (Vers 4). Um es mit den im Neuen Testament überlieferten Worten Jesu zu sagen: «Sie binden schwere und unerträgliche Bürden und legen sie den Menschen auf die Schultern; aber sie selbst wollen keinen Finger dafür krümmen» (Mt 23,4).

Sowohl Hesekiel als auch Jesus Christus wiesen die falschen Hirten Israels auf ihren schwersten Fehler hin: Sie benutzten die Schafe für ihre Zwecke, anstatt ihnen zu dienen. Sie handelten so, als seien die Schafe zur Erfüllung ihrer Bedürfnisse da und nicht umgekehrt. Wer heute in seiner kirchlichen Gemeindearbeit nur die Wachstumszahlen, das Spendenaufkommen und die Situation der Mitarbeit im Sinn hat, macht sich desselben Vergehens im geistlichen Amt schuldig, das damals in den Prophezeiungen und Weherufen Jesu und Hesekiels angeprangert wurde.

Die «Satzungen der Ältesten»

Für Jesus waren die geistlichen Oberhirten seiner Zeit nicht besser als die Hirten zur Zeit des Propheten Hesekiel. Er fordert deshalb in Matthäus 15,1–14, sich ihren Lehren und Handlungen zu widersetzen. Die Auseinandersetzung beginnt damit, daß Jesus von den Pharisäern beschuldigt wird, zusammen mit seinen Jüngern «die Satzungen der Ältesten» übertreten zu haben. Die Übertretung bestand darin, daß es Jesus und seine Jünger versäumt hatten, sich vor dem Essen die Hände zu waschen (Vers 2). Jesus reagiert auf diesen Vorwurf, indem er den Pharisäern die Frage stellt: «Warum übertretet denn ihr Gottes Gebot um eurer Satzungen willen?» In den folgenden Versen zeigt er dann, daß diejenigen, die sich als Hüter der Schrift aufspielen, eigentlich die Schrift brechen. Sie waschen sich zwar die Hände vor dem Essen, aber mißbrauchen ihre Eltern für ihre Zwecke, indem sie ihnen die Ehre vorenthalten, die ihnen zusteht (vgl. Mt 15,3–6).

Jesus bezeichnet solche «Hüter der Schrift» als Heuchler. Unter Hinweis auf den Propheten Jesaja wirft er ihnen vor, daß ihre Lehren «nichts als Menschengebote» sind (Mt 15,9). Interessanterweise handelt es sich bei diesen «Menschengeboten», d. h. den Schriften, welche von den Pharisäern als «Satzungen der Ältesten» bezeichnet werden, um die ersten biblischen Kommentarwerke. Die «Satzungen der Ältesten» repräsentierten die damals allgemein anerkannte rechtgläubige Auslegung der Schrift. Wir haben ein modernes Gegenstück zu diesen Satzungen in unseren Bekenntnisschriften, auf die wir so großen Wert legen.

Abhängig von Ihrem eigenen theologischen Hintergrund können diese Satzungen Ihrer Ältesten unterschiedliche Namen tragen. Die Werke des Heiligen Augustinus könnten ebenso dazugehören wie die Schriften Martin Luthers oder Johannes Calvins «Institutio Christianae Religionis», das «Westminster-Bekenntnis» oder Karl Barths «Kirchliche Dogmatik». So gut und richtig das in diesen Werken Gesagte auch sein mag: Jesus macht deutlich, daß sie sich der Schrift unterzuordnen haben. Für geistliche Leiter bedeutet dies, daß im Zweifelsfall die Bibel recht hat. Daß man sich darum bemüht, rein «bibeltreu» zu bleiben, ist zwar kein vollkommener Schutz gegen geistlichen Mißbrauch. Es ist aber immer noch besser, als die «Satzungen der Ältesten» in den Mittelpunkt zu stellen.

Wie sagte Jesus so treffend über die Pharisäer und ihre Lehren? «Laßt sie, sie sind blinde Blindenführer! Wenn aber ein Blinder den anderen führt, so fallen sie beide in die Grube» (Mt 15,14).

Vorsicht Sauerteig!

In Matthäus 16,6–12 fährt Jesus mit seiner Warnung vor den Pharisäern fort:

> «Jesus aber sprach zu ihnen: Seht zu und hütet euch vor dem Sauerteig der Pharisäer und Sadduzäer! Da dachten sie bei sich selbst und sprachen: Das wird's sein, daß wir kein Brot mitgenommen haben. Als das Jesus merkte, sprach er zu ihnen: Ihr Kleingläubigen, was bekümmert ihr euch doch, daß ihr kein Brot habt? Versteht ihr noch nicht? Denkt ihr nicht an die fünf Brote für die fünftausend und wieviel Körbe voll ihr da aufgesammelt habt? Auch nicht an die sieben Brote für die viertausend und wieviel Körbe voll ihr da aufgesammelt habt? Wieso versteht ihr denn nicht, daß ich nicht vom Brot zu euch geredet habe? Hütet euch vielmehr vor dem Sauerteig der Pharisäer und Sadduzäer! Da verstanden sie, daß er nicht gesagt hatte, sie sollten sich hüten vor dem Sauerteig des Brotes, sondern vor der Lehre der Pharisäer und Sadduzäer.»

Jesus beginnt seine Ausführungen mit der Warnung: «Hütet euch vor dem Sauerteig der Pharisäer und Sadduzäer!» Einen Moment lang waren die Jünger verwirrt, weil sie dachten, ihr Meister spräche von echtem Teig und echtem Brot. Für einen damaligen Juden jedoch stellte Sauerteig (oder Hefe) eine Metapher für das Böse dar. Wenn man Sauerteig unter einen Teig mengt, durchsäuert schon eine kleine Menge den ganzen Teig, zwar langsam, aber dafür unaufhaltsam. Was Jesus verdeutlichen will: Es gibt auch «theologische Hefe», und sie verändert die Wahrheit und macht sie langsam, aber sicher zur Irrlehre.

Hefe trägt die Kraft der Zerstörung in sich. Sie ist wie ein Verwesungsgeruch, der das Gute und Wahre zerstört und die Grenzen zwischen Wahrheit und Unwahrheit verwischt. Eine solche Mischung ist natürlich sehr viel gefährlicher als eine reine Lüge, denn eine solche läßt sich relativ leicht erkennen. Lügen jedoch, die unter einer Decke der Wahrheit verborgen liegen, verführen auch Geübte zur Annahme.

Jesus warnte seine Jünger nicht vor dem Sauerteig der Steuereintreiber und Prostituierten (die damals als der «Abschaum der Gesellschaft» galten). Ihre Sünden sind offensichtlich und, so gesehen, relativ harmlos. Wirkliche Gefahr ist dann gegeben, wenn eine wohlklingende geistliche Lüge unter dem Deckmäntelchen der theologischen Wahrheit daherkommt und zudem von einer Person geäußert wird, die allgemeines Ansehen genießt. Jesus warnt uns deshalb vor geistlichen Amtsträgern. Philip Keller hat recht, wenn er in seinem Buch «Predators in our Pulpits» (dt. etwa: «Räuber auf der Kanzel») feststellt: «Die größte Bedrohung für die Kirche kommt nicht von außen, sondern von innen: nämlich von den eigenen Amtsträgern.»[1]

Worin bestand nun der «theologische Sauerteig», vor dem Jesus seine Jünger warnte, und in welcher Form tritt er in unseren Tagen auf? Dale Brunner weist in seinem bereits erwähnten Kommentar zum Matthäusevangelium darauf hin, daß der Sauerteig der Pharisäer in ihrer «perfektionistischen Theologie» bestand[2], d. h. in der Vorstellung, daß uns das Einhalten religiöser Vorschriften vor Gott annehmbar macht und seinen Segen sichert. Um es mit William Hendriksen zu sagen: «Der Sauerteig der Pharisäer und Sadduzäer bestand in deren theologischer Auffassung, daß ‹Errettung› und ‹Heilsgewißheit› Folgen eigener Anstrengung sind... Religion war für die Pharisäer gleichbedeutend mit dem Einhalten bestimmter Regeln.»[3]

Das moderne Äquivalent des «Sauerteigs der Pharisäer» ist

das, was wir «Gesetzlichkeit» nennen. Dieser Begriff bezeichnet im weitesten Sinne die Vorstellung, daß Gott uns erst dann belohnen wird, wenn wir uns lange genug darum bemüht haben, bestimmte religiöse Formen und Regeln zu befolgen. «Gesetzlichkeit» glaubt an die Selbsterlösung des Menschen. Sie sagt: «Wenn wir uns nur richtig Mühe geben, haben wir einen Anspruch auf Gottes Gunst und brauchen seine unverdiente Gnade eigentlich gar nicht mehr.»

Gesetzlichkeit ist die Hauptwaffe aller Mißbraucher im geistlichen Amt. Eine geistliche Diktatur lebt davon, daß die Diktatoren ihre Untergebenen mit Hilfe einer Vielzahl religiöser Vorschriften beherrschen. Gesetzlichkeit ist der Ausdruck eines zwanghaften Leiterverhaltens, das nichts so sehr schätzt wie Sicherheit und Vorhersehbarkeit. Wer seinen Leuten haarklein erklärt, was sie dürfen und was nicht, kann diese Menschen beherrschen. Denn dann hat alles seine Ordnung, und alles ist vorhersehbar.

Viele Opfer eines solchen geistlichen Mißbrauchs halten sich an die Regeln, die die geistlichen Diktatoren aufgestellt haben, weil sie davon überzeugt sind, Gott auf diese Weise einen Dienst zu erweisen. Tragischerweise jedoch führt ein solches Regelverhalten die Menschen nicht in die Nähe Gottes, sondern von ihm weg. Jegliche Art von Religiosität, die behauptet, dem Sühnetod Christi am Kreuz sei noch irgend etwas hinzuzufügen, entfremdet den Menschen von Gott.

Wer hat euch verhext?

Auch der Apostel Paulus greift das Bild vom Sauerteig auf, und zwar in seinem Brief an die Galater. «Ein wenig Sauerteig», so schreibt er dort, «durchsäuert den ganzen Teig» (Gal 5,9; vgl. 1. Kor 5,6–7). Für Paulus bestand dieser Sauerteig in der jüdischen Forderung nach der Beschneidung der Gläubigen und in anderen gesetzlichen Vorschriften. Offenbar waren einige christliche Lehrer Paulus nach Galatien gefolgt und hatten dort seinem «Evangelium von der Gnade allein» weitere Vorschriften hinzugefügt. Es ging diesen jüdischen Gläubigen nicht darum, die Errettung allein durch die Gnade abzustreiten. Wohl aber erachteten sie es für nötig, dem Erlösungswerk Christi noch einige jüdische Vorschriften hinzuzufügen, angeblich, um den heidnischen (also nichtjüdischen) Gläubigen zur «Reife im Glauben» zu verhelfen (vgl. Gal 3,3). Doch was sie damit eigentlich zum Ausdruck brachten, war die Einstellung: «Angefangen haben wir zwar im Glauben und mit Jesus, aber weitermachen müssen wir in eigener Kraft!»

Die Evangelikalen unserer Tage, die meinen, sie müßten der Errettung noch irgend etwas an Vorschriften hinzufügen, sind nicht besser als die damaligen Gegner des Paulus in Galatien. Immer wieder tappen wir in dieselbe Falle: Wir meinen, wir müßten uns kräftig anstrengen, müßten reifer und heiliger werden und hätten dann nach erfolgter Leistungskontrolle den Segen Gottes verdient. Doch diese Lehre ist eine Lüge!

Natürlich geht man auch heutzutage nicht so plump vor, daß man die reformatorische Erkenntnis von der «Gerechtigkeit allein aus Glauben» aufgrund des Opfertodes Jesu rundweg abstreiten würde. Die Irrlehre der Gesetzlichkeit kommt vielmehr in wohldosierten, frommen Worten daher. Doch eine solche Mischung aus Wahrheit und Lüge ist Gift, und dieses Gift führt zu geistlicher Lähmung.

Vor nicht allzulanger Zeit nahm ich an zwei aufeinanderfolgenden Wochenenden an einer christlichen Freizeit zum Thema «Gnade und Heiligung» teil. Am ersten Wochenende ging es um die bekannten Themen wie «Glaube durch Gnade», «Errettung ohne Werke» und «Heiligung in der Kraft des Geistes». Dazu konnte ich «Ja und Amen» sagen.

Doch die Referenten, die sich in der zweiten Woche zum Thema «Heiligung» äußerten, stellten das in der ersten Woche Gesagte wieder in Frage. Jetzt hieß es auf einmal, daß zwar Jesus für uns gestorben sei und wir aus Glauben gerecht würden, daß wir uns aber «dieser Gerechtigkeit würdig» erweisen und uns «durch unsere guten Werke über den moralischen Durchschnitt erheben müßten».

Wie diese angestrebte hohe Moral («Heiligung») auszusehen hatte, wurde dann jedoch sehr kulturell bedingt erklärt und kaum wirklich biblisch begründet. Immer wieder hieß es an diesem zweiten Wochenende: «Gott wird seine Kraft und seinen Geist nicht in unreine Gefäße gießen.» Auf mich machte diese Freizeit den Eindruck, als sollten hier «geistliche Überflieger» rekrutiert werden, die dann – wie es hieß – «die Wiederkunft unseres Herrn beschleunigen könnten».

Solche «Heiligungs- und Erweckungsveranstaltungen» gehören zu den traurigen und immer wiederkehrenden Irrlehren der christlichen Kirche. Sie tauchen in Wellenbewegungen auf und infizieren das Volk Gottes genauso, wie ein Grippevirus die Menschen im Winter infiziert. Die Gemeinde, in der ich zu Gast war, hätte den Sauerteigcharakter der Gesetzlichkeit eigentlich bemerken müssen, besonders wenn man bedenkt, daß sie eine Woche zuvor einige sehr gute Vorträge über Glauben und Gnade gehört hatte. Doch weil die «Heiligungslehren» mit dem Argument vorgetragen wurden, man wolle «jede Einseitigkeit vermeiden» (als ob man durch Irrlehren Einseitigkeit vermeiden könne!), fielen die meisten Zuhörer darauf herein. Für manche Gemeindemitglieder hatte diese Mischung aus Wahrheit und Lüge schwerwiegende, für einige sogar (im geistlichen Sinne) tödliche Folgen.

Nach den Worten des Apostels Paulus kann nämlich der Sauerteig theologischer Irrlehre tatsächlich dazu führen, daß Menschen ihr geistliches Leben verlieren. Er drückt es ganz kraß aus: Wer glaubt, seine Beziehung zu Gott auf das Werk Christi plus eigener Anstrengung gründen zu können, erklärt damit den Opfertod Christi für unnötig (vgl. Gal 5,2). Insofern ist der Sauerteig der Pharisäer Gift für das Brot des Lebens.

Ein Heide, der aus Glauben gerecht geworden ist und sich dann dennoch beschneiden läßt, fügt in diesem Sinne dem Werk Christi etwas hinzu und «verliert Christus». Solche Menschen sind «aus der Gnade gefallen» (Gal 5,4). Ihre Beschneidung ist ein kleiner Schnitt, der lebensbedrohliche Folgen hat. Paulus benutzt im 2. Timotheusbrief eine ganz ähnliche Metapher, wenn er davor warnt, daß ein «Krebsgeschwür» der Irrlehre eine Bedrohung für die gesamte Gemeinde darstellen kann (2. Tim 2,17).

In seiner Auslegung des Galaterbriefes betont Martin Luther, daß ein Hinzufügen von Werken zum Evangelium der freien Gnade vielleicht äußerlich harmlos aussieht, «aber es richtet mehr Schaden an, als sich der menschliche Verstand nur vorstellen kann. Es verdeckt und verdunkelt nicht nur die Erkenntnis der Gnade, sondern nimmt auch Christus und seine Segnungen hinweg und verdreht das gesamte Evangelium».[4]

Paulus ist regelrecht wütend darüber, daß die Galater das Evangelium Christi zerstören, indem sie zulassen, daß es durch Gesetzesvorschriften ergänzt wird. Er erinnert sie an die erste Zeit ihres Glaubens und ruft ihnen zu: «O ihr unverständigen Galater! Wer hat euch bezaubert, denen doch Jesus Christus vor die Augen gemalt war als der Gekreuzigte?» (Gal 3,1). Anschließend weist er darauf hin, daß das Leben eines geistlich reifen Gläubigen niemals eine Mischung aus Gesetz und Gnade, sondern immer nur Gnade allein sein kann: «Seid ihr so unverständig? Im Geist habt ihr angefangen, wollt ihr's denn nun im Fleisch vollenden?» (Gal 3,3). Wenn Paulus von «Fleisch» spricht, meint er damit immer den menschlichen Eigenwillen oder die menschliche Anstrengung.

Genau wie sein Vorbild Jesus hebt sich auch der Apostel Paulus seine größten Zornausbrüche für diejenigen religiösen Leiter auf, die solche Irrlehren verbreiten. Wer den Sauerteig der Gesetzlichkeit unter den guten Teig des Evangeliums mischt, ist ein übler Hexenmeister. Paulus bezeichnet deshalb die Galater als «verzaubert» oder «verhext», wie man das in Galater 3,1 benutzte Adjektiv auch übersetzen könnte. Möglicherweise bezieht sich dieser Ausdruck auf den Fluch des «bösen Auges» oder «bösen Blicks», der in der damaligen Kultur als die böseste Art der Hexerei galt.[5] Der böse Blick war dafür bekannt, daß er seinem Opfer das Leben entzog, es förmlich aus ihm heraussog, und wie ließe sich das Übel der Gesetzlichkeit besser beschreiben?

Dabei müssen wir uns vor Augen halten, daß diejenigen, die mittels eines «theologischen bösen Blicks» den Menschen das Leben entziehen, nicht wie Hexer aussehen. Sie treten vielmehr im Gewand des angesehenen Pharisäers auf, als fromme, integre und von allen respektierte Männer. Martin Luther sagte in diesem Zusammenhang: «Je heiliger die Irrlehrer zu sein scheinen, desto gefährlicher ist ihre Absicht. Hätten die falschen Apostel nicht herausragende Gaben, große Autorität und den äußeren Anschein der Heiligkeit besessen, und hätten sie nicht behauptet, Diener Christi und wahre Prediger des Evangeliums zu sein ... dann hätten sie wahrscheinlich nicht einen solchen Eindruck auf die Galater gemacht.»[6]

Dem Apostel Paulus jedoch ist es gleichgültig, was für einen äußeren Eindruck diese Irrlehrer vermitteln. Ihn kümmert es nicht, wie begabt oder beredt sie sind, kurz: Er teilt die hohe Meinung, die die Galater von ihnen haben, nicht. Ihm geht es einzig und allein darum, ob jemand die rechte Lehre verkündet: die Lehre, daß der Mensch gerecht wird allein aus Gnade. Und nachdem Paulus erkannt hat, daß die galatischen Irrlehrer die rechte Lehre nicht vertreten, nennt er sie «Zauberer» und verlangt, sich ihnen zu widersetzen. Wer dem Sühnetod Christi irgend etwas hinzufügen möchte, ist nach Ansicht des Paulus nicht nur einem Mißverständnis erlegen. Nein, er ist ein übler Irrlehrer und muß abgewiesen werden (vgl. Gal 5,7–12).

Dieses tun und jenes nicht lassen

Ebenso verlangt auch Jesus, daß wir uns vor dem «Sauerteig der Pharisäer» in acht nehmen, das heißt: uns von jeglicher Lehre distanzieren sollen, die Gesetzlichkeit predigt (Mt 16,6). Neue geistliche Gesetze sehen zwar fromm aus, sind in Wirklichkeit jedoch Gift. Heiligungsbestrebungen in Eigenleistung sind kein Ausdruck guter Absicht; sie sind ein Übel wie Zauberei, und sie zerstören den Glauben.

Angesichts der Tatsache, daß wir dem Sauerteig der Pharisäer widerstehen sollen, stellt sich allerdings die Frage, wie wir in diesem Zusammenhang Jesu Worte in Matthäus 23,3 zu verstehen haben: «Alles nun, was sie euch sagen, das tut und haltet, aber nach ihren Werken sollt ihr nicht handeln; denn sie sagen's zwar, tun's aber nicht.» Wie verträgt sich das mit der

Aussage Jesu: «Seht zu und hütet euch vor dem Sauerteig» (Mt 16,6)?

Die meisten Ausleger lösen diesen scheinbaren Widerspruch ähnlich wie R. V. G. Tasker in seinem Kommentar zum Matthäusevangelium. Tasker sagt: «Jesus stellt den Anspruch der Pharisäer, Experten auf dem Gebiet des Gesetzes zu sein, nicht grundsätzlich in Frage. Solange sie sich auf diese Aufgabe beschränken, sind ihre Worte zu respektieren, auch für den Fall, daß ihr Handeln ihrer eigenen Lehre widerspricht.»[7]

Mit anderen Worten: Solange diese Theologen wirklich biblische Lehren verbreiten und diese korrekt auf die Situationen des Alltags anwenden, sollen wir ihnen gehorchen, immer jedoch mit kritischem Blick und verständigem Herzen. Es ist nämlich eine menschliche Eigenart, theologische Ansichten oder Lehrgebäude immer als Ganzes anzunehmen oder zu verwerfen. Wenn uns bestimmte Aussagen gefallen, «schlukken» wir sie, meist mit allen Konsequenzen und ohne sie kritisch in Frage zu stellen. Zeigt sich später dann, daß sie teilweise falsch waren, verfallen wir in das entgegengesetzte Extrem: Wir verwerfen das Ganze und schütten «das Kind mit dem Bade aus».

In meiner eigenen Gemeinde gibt es eine Reihe von Leuten, die in der Vergangenheit durch das sogenannte «Wohlstandsevangelium» geprägt wurden. «Wer Geld in unsere Arbeit investiert», so behaupteten die Irrlehrer, denen diese Leute aufgesessen waren, «bekommt es irgendwann einmal zehnfach zurückerstattet.» Als die Leute merkten, daß sie überhaupt nichts zurückbekamen, waren sie rundum frustriert und verwarfen die an sich vertretbare Lehre, daß man zehn Prozent seines Einkommens für das Reich Gottes zur Verfügung stellen sollte.

Es gibt immer wieder Menschen, die den Fehler machen, mit der Hefe auch den Teig wegzuwerfen, d. h. die rechte Lehre zu verwerfen, nur weil Pastoren, die ihr Amt mißbrauchen, eine bestimmte Irrlehre verbreitet haben. Aus diesem Grund betont Matthew Henry: «Wir dürfen gute Wahrheiten nicht deshalb verachten, weil sie von schlechten Pfarrern gepredigt werden. Und wir sollten gute Gesetze nicht deshalb geringschätzen, weil sie von schlechten Beamten durchgesetzt werden.»

Wenn man den Zusammenhang beachtet, ist also die Tatsache, daß Jesus in Matthäus 23 die Lehre der Pharisäer im Prinzip gutheißt, kein Widerspruch zu seinem darauffolgenden «Generalangriff». Auch wenn Jesus die pharisäische Irrlehre ablehnt, möchte er es vermeiden, daß im Eifer des Gefechts auch Teile der wahren Lehre untergehen. Er möchte, daß wir unseren kirchlichen Leitern und Amtsträgern den Respekt erweisen, der ihnen zusteht, und daß wir genau zuhören, was sie zu sagen haben.

Ein gutes Vorbild in diesem Sinne waren die Christen in Beröa. Sie hörten sich das an, was Paulus zu sagen hatte, blieben aber kritisch. «Sie nahmen das Wort bereitwillig auf und forschten täglich in der Schrift, ob sich's so verhielte» (Apg 17,11).

In diesem Sinne mahnen uns Jesu Worte in Matthäus 23,1–3 zu geistlicher Reife und geistlichem Unterscheidungsvermögen. Wir sollen in unserem Urteil unabhängig werden von unseren Leitern. Mißbrauchern im Amt ist allerdings Widerstand entgegenzusetzen, und das System, das sie um sich herum aufgebaut haben, ist niederzureißen.

Man kann einen Menschen nur entwaffnen, wenn man ihm seine Schuld vorhält ... Und wenn er keine Schuld hat, muß man sie ihm einreden ... Hüten müssen wir uns vor Menschen, die ein reines Gewissen haben.

Ayn Rand

Jesus sagte: «Ihr werdet die Wahrheit erkennen, und die Wahrheit wird euch frei machen.» Wenn das stimmt, sind große Teile der Kirche von der Wahrheit noch weit entfernt, sonst gäbe es dort nicht so viel Gebundenheit.

Ein südafrikanischer Missionar

Sie binden schwere und unerträgliche Bürden und legen sie den Menschen auf die Schultern.

Jesus Christus (Mt 23,4)

Kapitel 4

Schwere Lasten

Ingrid ist fünfundsechzig und seit dem vergangenen Jahr verwitwet. Ihr Mann starb an Lungenkrebs. Als die Krankheit erstmals diagnostiziert wurde, begann Ingrid, Trost und Wegweisung in der Religion zu suchen. Da sie ihren Mann pflegte, konnte sie allerdings das Haus kaum verlassen. Also schaltete sie den Fernseher ein und wurde hier mit Religion «bedient». Ihr Lieblingsprediger verkündigte, daß Gott alle Gebete beantwortet, wenn man nur ganz fest daran glaubt. Anders ausgedrückt: Wer um etwas betet und es nicht bekommt, hat mit Sicherheit nicht genug geglaubt. Ingrid begann also, um die Genesung ihres Mannes zu beten, mußte jedoch zugeben, daß sie manchmal Zweifel daran hatte.

Nachdem ihr Mann dann doch gestorben war, machten sich bei Ingrid zunächst schwerwiegende Schuldgefühle und dann eine ernsthafte Depression bemerkbar. In der Folge blieb sie erst recht zu Hause und wurde immer abhängiger von «christlichen» Fernsehprogrammen. Derjenige Prediger, der den Zuschauern Gebetserhörungen im Austausch für Glauben versprochen hatte, verhieß nun «überfließendes Leben» als Bezahlung für religiöse Leistung. Friede und Freude, so gab er bekannt, seien die himmlische Belohnung für Fasten und Beten – und natürlich für regelmäßiges, freudiges und großzügiges Spenden.

Ingrid wollte ihre Schuldgefühle loswerden und hielt sich darum streng an die Formel des Fernsehpredigers. Sie fastete und betete, fastete und betete mehr – und stellte einen Scheck nach dem anderen aus. Als alles das nichts half und Ingrid noch immer keinen inneren Frieden gefunden hatte, rief sie die Hotline des Senders an, um sich seelsorgerlichen Rat zu holen und mit sich beten zu lassen.

Die Stimme am anderen Ende der Leitung tröstete sie, «daß Gottes Wort nicht leer zurückkommt» und daß sie eines Tages «ernten werde, was sie gesät habe». Was tun? Die Antwort des Fernseh-Seelsorgers lautete: «Noch mehr beten, noch öfter fasten!» Ingrid gehorchte.

Heute, einige Monate später, geht es Ingrid kein bißchen besser als zu Beginn ihrer Suche nach Gott. Der einzige Unterschied: Sie ist finanziell ruiniert und verliert allmählich die letzte Hoffnung.

Das Joch des Gesetzes

Die geistlichen Leiter zur Zeit Jesu, die ihren Dienst mißbrauchten, bürdeten den einfachen Leuten eine Vielzahl von Vorschriften auf. Diese Vorschriften und Gesetze gingen über das eigentliche Gesetz Gottes hinaus. Es waren rein menschliche Traditionen, deren Einhaltung sie verlangten. Und jeder, dem es nicht gelang, diese Lasten zu schultern, fühlte sich unweigerlich schuldig und geistlich minderwertig.

Die Pharisäer selbst verbrachten viele Stunden des Tages damit, Bibeltexte auswendig zu lernen und über das Gesetz Gottes und seine Auslegung durch die Gelehrten zu diskutieren. Sie nannten ihre rigorose Pflichterfüllung «unter das Joch des Gesetzes kommen». Wer das Joch auf sich nahm, durfte sich rühmen, doch das einfache Volk, das weder die Zeit noch die Mittel für ausführliche religiöse Zeremonien hatte, stöhnte unter seiner Last.

Auf der ganzen Welt besteht ein Hauptmerkmal geistlichen Mißbrauchs darin, daß die Mißbraucher ihren Mitmenschen Vorschriften machen. Mit Hilfe dieser Vorschriften können sie dann ihre Schäfchen manipulieren und Schuldgefühle bei denen erzeugen, die die Vorschriften übertreten haben.

Der Autor Ayn Rand zeigt in seinem Roman über das Land «Utopia», wie dort die Manipulation mit Hilfe von Schuldgefühlen funktioniert. Einer der Charaktere in diesem Buch sagt: «Über Unschuldige werden wir nicht herrschen können. Regierungsgewalt funktioniert nur dann, wenn sie die Macht hat, gegen Kriminelle vorzugehen ... Wer will schon ein Land, in dem die Bürger sämtliche Gesetze beachten? Davon hat niemand etwas. Aber wenn wir Gesetze erlassen, die weder wir durchsetzen, noch die Menschen einhalten können, wird es uns gelingen, eine ganze Nation von Gesetzesübertretern zu schaffen – und diese können wir dann bei ihrem Schuldgefühl packen und kräftig daran verdienen.»[1]

Christlich verbrämte Gesetzlichkeit arbeitet nach genau derselben Methode. Die meisten (wenn auch nicht alle) der sogenannten «Heiligungs-» oder «Erweckungsgottesdienste», die ich in den letzten Jahren besucht habe, versuchten bei ihren Zuhörern Schuldgefühle zu erzeugen, um sie anschließend besser beeinflussen zu können. Diese Art der Gesetzlichkeit stellt unmöglich einzuhaltende geistliche Forderungen auf und verlangt von den Leuten immer größere Anstrengungen. Und wenn wir Menschen uns dann so richtig schuldig fühlen, unternehmen wir so ziemlich alles, um diese Schuldgefühle wieder loszuwerden. Verlangt man von uns in einer Versammlung, nach vorne zu kommen, so tun wir das. Ruft man uns zu ernsterem Bibelstudium auf, so folgen wir (zumindest für ein Weilchen ...). Und will man Geld von uns haben, so geben wir reichlich. Wer den Menschen Schuldgefühle einredet, welche die Folge hoher Ansprüche und unerfüllbarer Forderungen sind, hat es anschließend leicht, diese Menschen geistlich zu mißbrauchen. David Chilton führt zu diesem Thema aus: «Schuld ist eine extrem starke Macht. Wenn wir sie in uns verspüren, werden wir unsicher, durcheinander und verlieren den klaren Blick ... Wir werden zunehmend abhängig von anderen, die wir unsere Entscheidungen treffen lassen, und wir gehen notwendigen Auseinandersetzungen und selbstbestimmten Handlungen aus dem Weg. Wir werden zu Sklaven.»[2]

Vor kurzem bekam ich einen zwanzigseitigen Brief von einem jungen Mann, den ich Alex nennen möchte. Er berichtete mir über einen dreijährigen evangelistischen Einsatz irgendwo im Mittleren Westen der Vereinigten Staaten. Vom ersten Tag an bleuten die Missionsleiter Alex ein, daß Jesus «völlige Hingabe» verlange. Als wahrer Jünger Jesu habe er zwischen Gott und Komfort zu wählen. «Opfer und das Absterben der fleischlichen Wünsche», so hieß es, seien «unerläßliche Voraussetzungen für geistliches Wachstum». All das ist natürlich nicht ganz falsch. In den Händen geistlicher Mißbraucher jedoch wird der Ruf nach radikaler Nachfolge zu einem Instrument der geistlichen Manipulation.

Alex erzählte, wie die Missionsleitung ihm eine entwürdigende Aufgabe nach der anderen zuwies, um – wie man es ausdrückte – «seine Gesinnung zu schulen». Eine bestand darin, auf eigene Kosten auf die Straße zu gehen und Geld für die Mission zu sammeln. Als Alex sich weigerte, ließen die Leiter ihn wissen, er zeige Anzeichen der Rebellion und sei noch nicht allzuweit gekommen auf dem Weg, «dem Ich abzusterben». Dies führte bei Alex zu erneuten Schuldgefühlen, so daß er reumütig zurückkehrte und tat, was man von ihm verlangte.

Manipulation mit Hilfe von Schuldgefühlen

Als Bob und Mary heirateten, waren sie gerade erst siebzehn. Sie «mußten» heiraten, weil Mary schwanger war. Die Eltern der beiden hatten zwar gegen die Ehe nichts einzuwenden, fühlten sich jedoch durch die vorzeitige Schwangerschaft hintergangen. Sie brachten dies auch deutlich zum Ausdruck: «Wie konntet ihr uns das nur antun? Wir haben euch doch vertraut.» Bob und Mary gaben sich redlich Mühe, eine gute Ehe zu führen, unter anderem auch deshalb (wie sie selbst zugaben), «um die Eltern nicht ein zweites Mal zu enttäuschen».

Nach einigen Jahren wurden Bob und Mary Mitglieder in einer konservativen und sehr engen Gemeinde, die sich allerdings rührend um junge Familien kümmerte. Dem dortigen Pastor fielen die beiden sofort auf, und er bot ihnen die Mitarbeit in der Sonntagsschule und zusätzlich einen Hausmeisterposten an. Die jungen Eheleute freuten sich darüber, daß der Mann ihnen vertraute, und gingen vollkommen in der Gemeindearbeit auf.

Irgendwann einmal wurde ihnen dann klar, daß sie sich offensichtlich übernommen hatten. Insgesamt verbrachten sie pro Woche über 25 Stunden in der Gemeinde, und das war für ein junges Ehepaar mit inzwischen drei kleinen Kindern einfach zuviel.

Der Dienst in der Gemeinde war für sie zu einem gewissen Statussymbol geworden. Sie fühlten sich dadurch als vollwertige Erwachsene, und die Entscheidung, eine oder mehrere ihrer vielen Verantwortlichkeiten abzugeben, fiel ihnen äußerst schwer.

Dennoch entschlossen sie sich nach reiflicher Überlegung, ihrem Pastor ihr Dilemma zu schildern. Dieser schüttelte, nachdem er sich die Geschichte angehört hatte, nur seinen Kopf und sagte: «Und ihr hattet so einen hoffnungsvollen Anfang gemacht. Aber ihr habt euch meines Vertrauens nicht würdig erwiesen.»

Bob und Mary fühlten sich durch diese Worte – dieselben, die sie ein paar Jahre zuvor von ihren Eltern gehört hatten – so sehr getroffen, daß sie sich die Sache noch einmal überlegten und dann zusagten, die Gemeindetätigkeiten weiterhin aufrechtzuerhalten. Ich prophezeie den beiden allerdings, daß sie demnächst einen Nervenzusammenbruch erleiden werden, was ihre Situation noch ein weiteres Mal erschweren wird.

Nicht in jeder Gemeinde ist die Manipulation mit Hilfe von Schuldgefühlen derart offensichtlich. Der Zweck ist jedoch immer derselbe: verletzliche, schwache Menschen beherrschen zu wollen. Wer als Gläubiger das Leistungsdenken, das viele Pastoren predigen, für sich selbst akzeptiert, hat nur eine Alternative: die Vorschriften zu erfüllen oder sich bei Nichterfüllung schuldig zu fühlen. So oder so ist er (oder sie) ein Opfer geistlicher Manipulation. Das Tragische an der Sache ist, daß jede religiöse Gruppierung je nach Bedarf und Interessenlage die Lasten definieren kann, die sie ihren Mitgliedern aufbürdet. In der einen Gemeinde legt man besonderen Wert auf hohe Spenden; in einer anderen wird die Mitarbeit im Kindergottesdienst verlangt, und in einer dritten gilt man nur etwas, wenn man irgendwo in einem Arbeitskreis dabei ist.

Selbst ein Mensch, der ein echtes und lebensveränderndes Bekehrungserlebnis hatte, der Gott also wirklich liebhat und ihm dienen möchte, wird unter solchen Lasten stöhnen und seine anfängliche Begeisterung bald wieder verlieren. Wenn die «erste Liebe», von der die Offenbarung berichtet (Offb 2,4), erst einmal erkaltet ist, können die Schuldgefühle erneut ihr verderbliches Werk tun. Dabei ist es noch nicht einmal so, daß ein solcher Mensch Gott nicht länger lieben möchte. Nur wird diese Liebe durch die freudlose und pflichtbewußte Monotonie des religiösen Leistungsdenkens allmählich erstickt.

Gottes Last

Geistliche Lasten lassen sich in drei verschiedene Kategorien unterteilen. Zum einen gibt es die «Last Gottes»: die Einhaltung des Gesetzes und die Forderungen, die Gott angeblich an die Menschen stellt, damit diese in seinen Augen annehmbar werden. Zweitens gibt es «unsere Last», worunter der Gedanke zu verstehen ist, daß geistlicher Erfolg ein «Do-it-yourself»-Projekt ist: Wir müssen uns um unsere Sünden selbst kümmern und unsere Heiligkeit selbst bewirken. Drittens gibt es «die Last der anderen», d. h. die Last der geistlichen Leiterpersönlichkeiten. Diese Last fällt uns zu, wenn wir dafür sorgen müssen, daß diese Leiter sich wohlfühlen und anerkannt werden. Die «Last der anderen» ist die Arbeit, die wir tun müssen, um die Bedürfnisse unserer Leiter zu erfüllen.

Lassen Sie uns zunächst über die «Last Gottes» reden. Der Gott der Pharisäer (der damaligen wie der heutigen) ist eine Art Kreuzung aus Weihnachtsmann und «kosmischem Polizist». Er führt eine Liste mit sich, die er sorgfältig (sehr sorgfältig sogar) kontrolliert und nach der er dann Pluspunkte (Belohnungen) für die Braven und Minuspunkte (Strafen) für die Bösen verteilt. Der Gott der Pharisäer hat sogar einen religiösen Eignungstest entworfen. Wer ihn mit einer guten Note besteht, wird angenommen; wer durchfällt, wird verworfen.

Das Problem mit dieser Art von Theologie besteht darin (wie jeder zugeben muß, der einmal die Bibel gelesen hat), daß Gottes Anforderungen nicht nur hoch sind, sondern hundertprozentige Vollkommenheit verlangen. 98 Punkte zu haben bedeutet immer noch: «Durchgefallen.» Nur wer 100 Punkte hat, besteht den Test. Die Bibel läßt keinen Zweifel daran, daß niemand von uns den Test bestehen kann. *Alle* fallen durch, oder um es mit den Worten des Apostels Paulus zu sagen: «Denn es ist hier kein Unterschied: sie sind allesamt Sünder und ermangeln des Ruhmes, den sie bei Gott haben sollten» (Röm 3,23) – was natürlich der Grund dafür ist, daß wir alle einen Retter brauchen.

Das göttliche Gesetz hat also nicht den Sinn, uns vor Gott annehmbar zu machen; es offenbart vielmehr Gottes Gericht über uns: «Denn die aus den Werken des Gesetzes leben, die sind unter dem Fluch, denn es steht geschrieben: ‹Verflucht sei jeder, der nicht bleibt bei alledem, was geschrieben steht in dem Buch des Gesetzes, daß er's tue›» (Gal 3,10; vgl. auch Gal 3,19). Wer Gottes Gesetz als Maßstab wirklich ernst nimmt, kommt nicht umhin zu erkennen, daß er keine Chance hat. Niemand kann sich durch Eigenleistung vor Gott annehmbar machen.

Wenn uns ein Prediger das Gesetz Gottes vorhält, als wäre es eine Hürde, die wir überspringen müßten, um dadurch bei Gott Annahme zu finden, zerstört dieser Mensch unser geistliches Leben. Jeden Sonntag mittag verlassen Tausende und Abertausende gutgläubiger Christen unsere Kirchen und Gemeinden in der festen Absicht, in der kommenden Woche alles daran zu setzen, um «dem Ich abzusterben» und sich «ganz Gott hinzugeben». Den Sonntag darauf kommen sie zurück und sind über die Maßen enttäuscht von sich selbst. Fast alle schämen sie sich, den Anforderungen wieder einmal nicht genügt zu haben, bis vielleicht auf die weniger Ehrlichen unter ihnen, die sich einreden, es geschafft zu haben.

Der bekannte Seelsorger und Autor Larry Crabb macht Predigern und Pastoren, welche die Nachfolge als «ernsthaftes Fragen nach Gottes Willen mit anschließender harter Arbeit» definieren, den Vorwurf, daß ihre Lehre nicht besser sei als die der Pharisäer des ersten Jahrhunderts: «Die Kirchen dieser

Prediger sind voller gutwilliger Leute, die ganz genau wissen, daß sie es niemals schaffen werden, und sich trotzdem Woche für Woche erneut darum bemühen. Hinzu kommen einige Hochmütige, die (wie ihre Leiter) das Gesetz Gottes gründlich mißverstehen, indem sie sich einbilden, sie könnten es einhalten.»[3]

Einer der Gründe, warum geistliche Leiter zu der Überzeugung neigen, sie wären in der Lage, Gottes Anforderungen zu genügen, besteht darin, daß sie selbst bestimmen können, wie diese Anforderungen konkret aussehen. Viele Pastoren haben es sich im Laufe der Zeit angewöhnt, ihre Gemeinde davon zu überzeugen, daß für Gott dieselben Dinge wichtig sind, die ihnen wichtig sind: Bibelstudium und Gebet zum Beispiel. Weil die vollzeitlichen Pastoren jede Menge Zeit haben, können sie bequem von einer Gebetsstunde zur nächsten gehen und hinterher noch stundenlang in der Bibel lesen. Eine Mutter mit kleinen Kindern hat diese Zeit nicht, und ein Geschäftsmann auch nicht.

Eine weitere unmenschliche Form des geistlichen Mißbrauchs (die noch schlimmer ist als der erwähnte Mißbrauch des Gesetzes) gipfelt in der ständigen Forderung bestimmter Pastoren, endlich zur «geistlichen Reife» vorzudringen, «das Fleisch» hinter sich zu lassen, «loszulassen» oder «sich völlig Gott auszuliefern». Wenn diese Forderungen nicht präzise definiert und erläutert werden, können sie nur unruhige Gewissen schaffen. Ein halbwegs sensibler Mensch wird sich doch ständig fragen: «Habe ich mich denn nun wirklich völlig hingegeben?» – «Gibt es nicht vielleicht doch noch einen Bereich, den ich Christus noch nicht ausgeliefert habe?» Neue Schuldgefühle sind damit vorprogrammiert, denn durch solche Forderungen wird die «Errettung durch Gnade» durch eine «Errettung durch Hingabe» ersetzt, welche unseren unruhigen Gewissen niemals Frieden bringen kann.

Der geistliche Mißbrauch mit Hilfe des Gesetzes ist insofern weniger gefährlich, als das Gesetz wenigstens noch eine Definition und Erklärung dessen mitliefert, was zu tun ist. Die Einhaltung des Gesetzes ist überprüfbar: Wer die Zehn Gebote gründlich studiert, merkt bald, welche er gebrochen hat. Aber wie soll man die schwammige Forderung nach «völliger Hingabe» überprüfen?

Archibald Hart schildert in einem seiner Bücher, welch tragische Folgen solche vagen Forderungen nach mehr Hingabe haben können. Er berichtet dort von einer jungen Frau namens Sonja, die er als «außerordentlich begabt», «selbstbewußt», «rücksichtsvoll» und «umgänglich» schildert. Sonja habe offensichtlich ein «sehr hingegebenes geistliches Leben geführt und eine tiefe Liebe zu ihrem Herrn gehabt».

Doch Sonja geriet unter den Einfluß eines sehr rigorosen Pastors, der eine wörtliche Auslegung von Galater 2,20 verlangte («Ich bin mit Christus gekreuzigt»). Ständig predigte er seiner Gemeinde, die Christen müßten «dem Ich absterben» und dafür sorgen, daß ihre «Begierden mit Christus gekreuzigt seien». Sonja gab sich redlich Mühe, ihr «Ich» zu kreuzigen, aber es gelang ihr nicht. «Unter diesem ständigen Bombardement von Anforderungen», so schreibt Hart, «ging es mit Sonja rapide bergab.» Die junge Frau, die so hoffnungsvoll im Glauben begonnen hatte, ging eines Nachts zu den Bahngleisen, legte ihren Kopf auf die Schienen und wurde von einem Schnellzug überfahren.

Hart schließt den traurigen Bericht mit den Worten: «So können im Einzelfall die Folgen einer falschen Theologie aussehen!» Die rechte Lehre hingegen unterdrückt das Ich eines Menschen nicht. Im Gegenteil: Sie fördert, unterstützt und stärkt es.[4]

Ich will damit nicht sagen, daß wir niemals Menschen ermahnen oder auf die Notwendigkeit eines hingegebenen Lebens hinweisen dürften. Wenn wir dies tun, sollten wir uns jedoch an das halten, was Bruce Narramore einmal folgendermaßen ausdrückte: «Wir sollten uns in der Seelsorge einen motivationsstärkenden Ansatz zu eigen machen und immer betonen, daß Annahme und Vergebung das Vorrecht eines jeden Menschen sind, der sich Christus anvertraut. Das moralisch richtige Verhalten folgt aus dieser Annahme, begründet sie aber nicht.»[5]

Geistlicher Mißbrauch jedoch produziert bei den Menschen nur Schuldgefühle: Erst hält er ihnen das Zuckerbrot der Errettung vor, schlägt jedoch anschließend mit der Peitsche der Verdammnis auf sie ein. Um es ganz klar zu sagen: Wer das Spielchen der «Errettung durch Werke» bis zum bitteren Ende weiterspielen möchte, d. h. die Last Gottes (das Erreichen hundertprozentiger Vollkommenheit!) selber tragen will, wird böse enden: entweder mit einem Nervenzusammenbruch oder, wie Sonja, mit Selbstmord.

Zur Ruhe Gottes gelangen

Doch Jesus Christus tröstet Menschen wie Sonja mit den Worten: «Kommt her zu mir alle, die ihr mühselig und beladen seid; ich will euch erquicken. Nehmt auf euch mein Joch und lernt von mir; denn ich bin sanftmütig und von Herzen demütig; so werdet ihr Ruhe finden für eure Seelen. Denn mein Joch ist sanft, und meine Last ist leicht» (Mt 11,28–30).

Es stimmt, daß Gott viel verlangt. Er verlangt viel mehr, als wir ihm jemals geben könnten. Die gute Nachricht ist, daß Jesus die Anforderungen Gottes für uns erfüllt. Wirkliche Heilige wissen um ihre Unzulänglichkeit. Sie wissen, daß sie Christus enttäuscht haben. Sie wissen aber auch, daß er sie niemals enttäuscht. Jesus ist unser Retter, und er hat für uns den «Eignungstest» Gottes auf sich genommen und bestanden (mit 100 Punkten!). Wenn wir uns ihm anvertrauen, werden diese 100 Punkte auf unserem Konto gutgeschrieben. Wir wissen nicht, wie wir recht beten können, aber er weiß es. Wir wissen nicht, wie man hundertprozentig glaubt und vertraut, aber er tut es. Wir können nicht vollkommen lieben, aber er ist die Liebe.

Wenn die Predigten, die Sie hören, oder die christlichen Bücher, die Sie lesen, Ihnen zur Last werden und Sie niederdrücken, wage ich die Behauptung, daß diese Bücher oder Predigten den Dienst unseres Heilands Jesus Christus fehlinterpretieren.

Allen, die sich abmühen, ihren Pastoren und Gemeindeleitern zu gefallen, verspricht Jesus Ruhe. Er bietet Ihnen, die Sie unter der Last des geistlichen Leistungsdrucks stöhnen, ein leichtes Joch an. Wenn Ihnen Ihr christlicher Glaube zu anstrengend geworden ist, verlangt Gott von Ihnen nicht eine längere «Stille Zeit», erneute Hingabe, ein weiteres «Nach vorne Gehen» oder eine häufigere Teilnahme bei christlichen Konferenzen. Nein, Gottes Lösung für geistlich Ausgebrannte heißt: Ruhe! Ruhe in der liebenden Geborgenheit Jesu, der Sie angenommen und Ihnen sämtliche Lasten abgenommen hat.

Nicht umsonst betont der Apostel Paulus immer wieder, daß das Verhältnis des Christen zum Gesetz (d. h. den Anforderungen Gottes) durch Jesus Christus radikal und für alle Zeiten verändert wurde. Paulus schreibt an die Kolosser: «Und er hat euch mit ihm lebendig gemacht, die ihr tot wart in den Sünden und in der Unbeschnittenheit eures Fleisches, und hat uns vergeben alle Sünden. Er hat den Schuldbrief getilgt, der mit seinen Forderungen gegen uns war, und hat ihn weggetan und an das Kreuz geheftet. Er hat die Mächte und Gewalten ihrer Macht entkleidet und sie öffentlich zur Schau gestellt und hat einen Triumph aus ihnen gemacht in Christus» (Kol 2,13–15). Jesus hat also die dämonischen Mächte, die uns den «Schuldbrief ... mit seinen Forderungen» ständig vorhielten, entmachtet. Wer heute als Pastor oder Gemeindeleiter diesen Schuldbrief wieder hervorholt, treibt geistlichen Mißbrauch und arbeitet den bösen Mächten zu!

Jesus Christus hat die Anforderungen Gottes durch sein Leben erfüllt. Durch seinen Tod wurde die Anklageschrift vernichtet. Jesus lebte nicht nur an unserer Statt in vollkommener Nachfolge: durch und in Christus hat uns Gott unsere Sünden vergeben und die gegen uns lautenden Forderungen des Gesetzes erfüllt. Unsere Schuld wurde ebenso wie der Maßstab, der diese Schuld aufdeckt, an das Kreuz von Golgatha genagelt. Aus diesem Grunde kann Paulus ausrufen: «So gibt es nun keine Verdammnis mehr für die, die in Christus Jesus sind» (Röm 8,1).

Zweifellos bleibt Gott der Vollkommene, der er ist, und zweifellos haben wir uns nach ihm zu richten und nicht umgekehrt. Aber die Bedingungen Gottes stehen in Übereinstimmung mit seinem Charakter, mit seiner freien Gnade und seiner allmächtigen Güte. Er nimmt uns auf seine ihm eigene Art und Weise an: nicht indem er uns eine Last auferlegt, sondern indem er uns mit unverdienter Gnade beschenkt. Dies ist das Kernstück des Evangeliums: Gott rechtfertigt uns (erklärt uns als vor ihm gerecht), sobald wir alle eigenen Ansprüche und Anstrengungen aufgeben und die Gerechtigkeit Christi als unsere eigene akzeptieren.

Auch die schlechten Hirten und Mißbraucher im Amt werden diese großartige Wahrheit nicht verbal abstreiten. Sie werden sie mit einem Lippenbekenntnis gutheißen, in ihren Speziallehren und Taten jedoch unterminieren. Auf meinem Schreibtisch liegt ein Buch, das zur Zeit in vielen evangelikalen Gemeinden in den USA und Kanada die Runde macht. Es heißt: «Handbook on Christian Discipleship» («Handbuch zur christlichen Jüngerschaft») und führt aus:

> «Das ewige Leben wird uns nicht allein aus göttlicher Gnade verliehen. Es wird nur denen gegeben, die Gottes Willen tun. Wir werden gerichtet nach unseren Werken, nach den Werken des Leibes ... Eine Überbetonung des vollbrachten Werkes Christi kann den Kern des Christentums zerstören (und hat ihn bereits zerstört). Täuschen Sie sich nicht: Es sind nur die Sieger, die die Krone des Lebens erhalten. An ängstlichen und unentschlossenen Leuten hat Gott kein Gefallen.»

Nun stellen Sie diesen Worten einmal die Aussagen des Paulus gegenüber, der gesagt hat, die Errettung läge «nicht an jemandes Wollen oder Laufen, sondern an Gottes Erbarmen» (Röm 9,16), und an anderer Stelle: «Christus ist des Gesetzes Ende; wer an den glaubt, der ist gerecht» (Röm 10,4).

Gute Hirten predigen nicht nur die Errettung aus Gnade, sondern stehen auch zu ihrem Wort – indem sie alles dafür tun, daß ihren Schafen im Namen Jesu die untragbare Last des Gesetzes abgenommen wird.

Unsere Last

Die zweite Art von Last, die Mißbraucher im geistlichen Amt auf unsere Schultern legen, ist die Last unserer eigenen Schuld. Vielleicht kennen Sie das Buch «Pilgrim's Progress» (dt.: «Pilgerreise zur seligen Ewigkeit») von John Bunyan. Wie sehr leidet in dieser christlichen Allegorie doch «Christ» unter der Bürde seiner Schuld! Sie erscheint ihm wie ein untragbar schwerer Sack, den er dennoch tragen muß.

Die Pharisäer der damaligen und heutigen Zeit können uns nur deshalb die Bürde unserer Schuld aufladen, weil sie diese Schuld ganz genau definieren, oder sollte ich lieber sagen: listenmäßig erfassen! Religiöse Gruppierungen und Systeme, die geistlichen Mißbrauch betreiben, tun dies, indem sie Schuld im Sinne äußeren Verhaltens definieren, um dieses Verhalten dann kleinlich genau zu kontrollieren. Wie sehen solche Sündenregister aus? Nun, dies hängt ganz von der jeweiligen religiösen Gruppierung ab. Manchmal geht es vor allem um Kleidung und bestimmte Verhaltensweisen. Manchmal geht es auch um angeblich besonders verdienstvolle Taten, um Denkweisen oder um bestimmte sprachliche Ausdrucksformen.

Doch wer Sünde rein äußerlich definiert, handelt unfair. Sünde nur nach dem Verhalten zu beurteilen, ist eine Form des geistlichen Mißbrauchs. Denn solche Definitionen schaffen eine leistungsorientierte Klassengesellschaft, in der die Starken überleben und die Schwachen versagen. «Heilige» sind dann die, die ihre Schuld mit Fassung tragen, und «Versager» sind diejenigen, denen dies nicht gelingt. Während die «Heiligen» es schaffen, ihre Schuld zu verstecken, erweisen sich die «Versager» in dieser Beziehung als zu schwach (bzw. zu ehrlich!). Ein solches System begünstigt eine geistliche «Oberklasse», die sich ihrer hohen Moral rühmt, und schafft bei diesen Menschen ein Überlegenheitsgefühl gegenüber den niedriger gestellten «Versagern».

Genau um diese Art der Definition von «Sünde» mit Hilfe eines äußeren Verhaltenskodex ging es Jesus in seiner Auseinandersetzung mit den Pharisäern. Immer wieder wies er darauf hin, wie unfair solche Sündenregister sind, vor allem deshalb, weil sie den Menschen in Sicherheit wiegen und darum verführen. Wer Sünde rein äußerlich definiert, nimmt dem Begriff seinen Sinn und entwertet das Erlösungswerk dessen, der für unsere Sünden gestorben ist. Michael Horton dazu:

> «Es ist schon merkwürdig, daß ausgerechnet diejenigen, die uns ständig vorhalten, welche Sünden wir auf welche Art und Weise meiden müssen, in Wirklichkeit die Sünde verharmlosen. Doch genauso ist es! Und genauso war es schon zur Zeit Jesu. Wie wir feststellten, erforderte das Programm der Pharisäer die absolute Perfektion der Moral. Und um ihrem Perfektionismus die rechte äußere Form zu geben, definierten diese Männer die Sünde rein äußerlich, nämlich im Sinne eines falschen Verhaltens, und nicht im Sinne eines gefallenen Herzens.»[6]

Nach den Aussagen der Bibel jedoch besteht die Sünde, die uns von Gott trennt, zunächst einmal nicht in unseren Handlungen, sondern in der Einstellung unseres Herzens. Nicht was wir tun, muß geändert werden, sondern wer wir sind. Unsere Herzen brauchen Heilung und Vergebung. Paulus war sich darüber im klaren, wie unfair eine listenmäßige Zusammenstellung von Sünden ist. Für ihn bestand kein Zweifel daran, daß die Sünde, von der wir erlöst werden müssen, unser ganzes Wesen betrifft, und nicht nur unser Tun. Gleichzeitig wußte er, daß eine Ausschaltung unseres sündigen Denkens und Tuns von vornherein aussichtslos ist. So schreibt er an die Kolosser:

> «Wenn ihr nun mit Christus den Mächten der Welt gestorben seid, was laßt ihr euch dann Satzungen auferlegen, als lebtet ihr noch in der Welt: Du sollst das nicht anfassen, du sollst das nicht kosten, du sollst das nicht anrühren? Das alles soll doch verbraucht und verzehrt werden. Es sind Gebote und Lehren von Menschen, die zwar einen Schein von Weisheit haben durch selbsterwählte Frömmigkeit und Demut und dadurch, daß sie den Leib nicht schonen; sie sind aber nichts wert und befriedigen nur das Fleisch» (Kol 2,20–23).

Beachten Sie bitte, daß Paulus hier nicht sagt, Regeln und Gesetze reichten nicht aus, um mit der Sünde fertig zu werden; nein, er behauptet rundweg, sie seien «nichts wert». Donald Slain erläutert in seinem Buch «The Danger of Growing up in a Christian Home» (dt. etwa: «Warum es gefährlich ist, in einem gläubigen Elternhaus aufzuwachsen»), warum es so schlimm ist, «Sünde» nur im Sinne äußeren Fehlverhaltens zu definieren: «Das Problem besteht darin, daß man sich an solche Listen wirklich halten kann. Jedes Sündenregister, so streng es auch sein mag, hat irgendwo ein Ende und kann ‹abgehakt› werden. Wer sich an solche Vorschriften hält, wiegt sich bald in dem Glauben, daß es möglich ist, dem sündigen Wesen beizukommen, indem man das sündige Verhalten abstellt. Mit anderen Worten: Das Hauptaugenmerk liegt darauf, wie sich die Sünde äußert (indem man sich die Liste anschaut), und nicht auf dem menschlichen Wesen, dem sie entspringt.»[7]

Für Jesus war Sünde immer zuerst ein Zustand des Herzens und erst in zweiter Linie ein äußerlich erkennbares Symptom. Wie sagte er es den Pharisäern gegenüber so treffend? «Was zum Mund hineingeht, das macht den Menschen nicht unrein; sondern was aus dem Mund herauskommt, das macht den Menschen unrein» (Mt 15,11).

Wer Sünde mit Hilfe eines Registers definiert und immer genau sagen kann, was erlaubt ist und was nicht, verfehlt nicht nur den Kern der Sache, sondern bestärkt auch jene, die in ihrer Selbstüberschätzung so tun, als könnten sie sämtliche Regeln einhalten. Solche selbstgerechten Menschen glauben, keinen Bedarf für einen Heiland zu haben, und kommen deshalb auch nicht ins Himmelreich (vgl. Mt 23,13–14). Dasselbe gilt für diejenigen Menschen, die zwar annehmen, man könnte zu Gott kommen, indem man sein Gesetz beachtet, jedoch genau wissen, daß sie das niemals schaffen: auch ihnen wird der Zugang zu Gott versperrt.

Um den Pharisäern (und auch uns) zu einem Verständnis dessen zu verhelfen, was Sünde tatsächlich bedeutet, stellt Jesus klar, daß Ehebruch nicht nur in der eigentlichen Tat besteht, sondern schon in dem lüsternen Blick auf eine verheiratete Frau (Mt 5,28). In Matthäus 23,25 weist Jesus die Pharisäer darauf hin, daß sie zwar äußerlich die Gefäße (ein Bild für ihre Moral) fein sauber halten, innerlich jedoch voller Gier und Egoismus sind. Nach außen hin sieht alles schön weiß aus; innen aber ist ihr Wesen voller Schmutz und Unrat (Mt 23,27).

Nach Ansicht der Pharisäer galt: Hilf dir selbst, so hilft dir Gott. Jesus stellt klar, daß Gott nur denjenigen hilft, die davon überzeugt sind, daß sie sich nicht selbst helfen können. «Selig sind, die da geistlich arm sind», sagte er, «denn ihrer ist das Himmelreich» (Mt 5,3). Jesus bemühte sich konsequent, den Menschen zu zeigen, daß «Sünde» eine radikale Angelegenheit ist, der keine noch so ernsthafte menschliche Eigenleistung beizukommen vermag. Solange wir Menschen versuchen, uns selbst an den Haaren aus dem Sumpf der Sünde zu ziehen, solange verpassen wir die rettende Hand Gottes, der die Ungerechten gerecht spricht.

Wenn wir uns jedoch entschließen, Sünde nicht länger mit Hilfe eines Verhaltenskodexes zu definieren, sondern genauso, wie Jesus es getan hat, stellen wir fest, daß alle Menschen gleich «arm dran» sind. Die Klassensysteme geistlicher Mißbraucher fallen wie ein Kartenhaus in sich zusammen. Den angeblich geistlichen Hierarchien ergeht es nicht besser. Wir befinden uns auf einmal alle auf derselben Ebene und haben alle, ausnahmslos, einen Retter nötig. Genau das will Jesus zum Ausdruck bringen, wenn er uns zuruft: «Kommt her zu mir alle, die ihr mühselig und beladen seid; ich will euch erquicken. Nehmt auf euch mein Joch und lernt von mir; denn ich bin sanftmütig und von Herzen demütig; so werdet ihr Ruhe finden für eure Seelen. Denn mein Joch ist sanft, und meine Last ist leicht» (Mt 11,28–30).

Geht es Ihnen auch manchmal so, daß Sie einfach nicht mehr können, daß Sie es nicht schaffen, Ihren Zwängen, Ängsten und Sünden zu entkommen? Wenn dem so ist, heißt die Lösung, die Jesus uns anbietet, nicht: «Reiß dich am Riemen!» (Und lern womöglich noch ein paar Bibelverse mehr auswendig.) Nein, Jesus lädt Sie ein, sich bei ihm auszuruhen:

«Es ist also noch eine Ruhe vorhanden für das Volk Gottes. Denn wer zu Gottes Ruhe gekommen ist, der ruht auch von seinen Werken so wie Gott von den seinen. So laßt uns nun bemüht sein, zu dieser Ruhe zu kommen ...» (Hebr 4,9–11).

«Denn Gott ist's, der in euch wirkt beides, das Wollen und das Vollbringen, nach seinem Wohlgefallen» (Phil 2,13).

«Nicht daß wir tüchtig sind von uns selber, uns etwas zuzurechnen als von uns selber; sondern daß wir tüchtig sind, ist von Gott, der uns auch tüchtig gemacht hat zu Dienern des neuen Bundes, nicht des Buchstabens, sondern des Geistes» (2. Kor 3,5–6).

Die Last der Leiter

Eine dritte Art von Last, welche uns Mißbraucher im geistlichen Amt aufbürden, ist ihre eigene. Das heißt: Mißbraucher benutzen ihre Gemeindemitglieder, damit ihre persönlichen (oder auch berufsbedingten) Bedürfnisse erfüllt werden. Sie manipulieren durch das Erzeugen von Schuldgefühlen, durch Gruppenzwang und durch «prophetische Worte», um zu erreichen, daß die Leute genau das tun, was sie wollen. Ein klassisches Beispiel für eine solche Art geistlichen Mißbrauchs findet sich in der Kirchengeschichte des späten Mittelalters: Der Papst hatte sich mit den Baukosten für den Petersdom verkalkuliert und benötigte dringend Geld. Was tat er? Er bot willigen Spendern Sündenvergebung im Tausch gegen Geld an. Johannes Tetzel, so wird erzählt, reiste von Stadt zu Stadt und nutzte die Naivität der einfachen Menschen aus, indem er ihnen sagte: «Sobald das Geld im Kasten klingt, die Seele in den Himmel springt!»

Eine solche Einstellung kirchlicher Leiter ist leider nicht passé. Ich kenne eine Gemeinde, deren Pastor es tatsächlich geschafft hat, die Mitglieder dazu zu überreden, ihre Wochenenden und Ferien zu opfern, um ihm beim Bau eines exklusiven Eigenheims in vornehmster Gegend zu helfen. Der Pastor überzeugte die Gemeinde davon, daß sie zu diesem Dienst gegenüber der «von Gott angeordneten Autorität» (also ihm) verpflichtet seien.

Vor kurzem erzählte mir ein Freund von einem sogenannten Heilungsgottesdienst, an dem er teilgenommen hatte. Es gab einen Gastredner, der schon im voraus versprochen hatte, an jenem Abend würden Zeichen und Wunder geschehen. Er wurde sogar recht konkret: Taube würden geheilt werden. Infolge der aufwendigen Werbekampagne kamen dann auch an jenem Abend viele Taube zu der Veranstaltung. Als der Gottesdienst fast vorbei und es immer noch nicht zu Heilungen gekommen war, bat der Gastreferent die Anwesenden, mit ihm zusammen eine Zeitlang still zu beten. Nach einigen Minuten der Stille wandte er sich an die Versammlung und erklärte ihr, er habe in einer Vision Gott gesehen, der eigentlich vorgehabt habe, jeden Tauben im Saal zu heilen, aber die Anwesenden entsprächen in ihrem Lebenswandel nicht dem Maßstab der Heiligung, den Gott verlangte. «Und so hat er seine heilende Hand wieder zurückgezogen», schloß der Redner. Was war geschehen? Die Menschen waren gleich zweimal manipuliert und mißbraucht worden. Das erste Mal, indem man ihnen unfaire Versprechungen gemacht hatte, das zweite Mal, indem ihnen dann auch noch die Schuld für das Versagen des Heilers gegeben wurde.

Ein weniger spektakuläres Beispiel: Ich kenne einen Pfarrer, der die Gebetsstunden in seiner Gemeinde für das Herzstück der Gemeindearbeit hält. Um Ansehen bei der Gemeinde zu erlangen, liegt ihm viel daran, eine stattliche Anzahl von Mitbetern bei den verschiedenen Gebetsversammlungen vorweisen zu können. Wer kommt, bekommt Anerkennung; wer nicht kommt, wird schief angesehen. Außerdem vertritt dieser Pfarrer die Ansicht, daß Gott denjenigen, die ihre Zeit für häufiges Beten opfern, einen besonderen Ehrenplatz in seiner Endzeitarmee reservieren wird. Auch auf diese Weise werden Menschen manipuliert, die Bedürfnisse eines Leiters zu erfüllen.

Ein anderer Pfarrer, den ich kenne, steht einer Gemeinde vor, die innerhalb der letzten zwölf Jahre mitgliedermäßig stagnierte. Der Pfarrer war über diesen Stillstand äußerst frustriert und forderte die Gemeinde auf, seiner Enttäuschung abzuhelfen. Wie er dies tat? Indem er ihnen ein Bauprogramm auferlegte. Denn – so dachte er – wenn die Gemeinde erst einmal ein attraktiveres Gebäude mit entsprechenden Möglichkeiten hätte, würden bestimmt mehr Besucher kommen. Über diese Frage hat sich jedoch die Gemeinde gespalten. Viele sind gegangen, und für diejenigen, die geblieben sind, ist die finanzielle Belastung kaum noch zu tragen.

In all diesen Fällen hat ein Gemeindeleiter seine Gemeinde dazu benutzt, um die eigenen Bedürfnisse zu erfüllen. Anstatt sich als Hirte (Pastor) für die Schafe zu erweisen, wurden die Schafe dazu degradiert, für den Hirten dazusein.

Wie hart das Gericht Gottes mit solchen falschen Hirten ist, wird in Hesekiel 34 beschrieben. Auch in Israel gab es Hirten, die sich nur um sich selbst kümmerten und nicht Sorge trugen für die Schafe, die ihnen anvertraut worden waren (Vers 3). Wehe dem Hirten, der nicht erkennt, daß er den Schafen dienen muß und nicht umgekehrt.

Hirten, die ihre Schafe mißbrauchen, legen ihnen Lasten auf. Gute Hirten nehmen den Schafen die Lasten ab!

Unbequeme Fragen

Wann immer ich meine Thesen über «geistlichen Mißbrauch» christlichen Freunden oder Amtsbrüdern vortrage, wird mir regelmäßig dieselbe Frage gestellt: «Wenn ich absolut keinen Druck mehr ausüben darf – werden dann nicht einige meiner Leute über die Stränge schlagen?»

Meine Antwort auf diese Frage lautet (aus Erfahrung übrigens): «Ja, mit Sicherheit wird dies geschehen!» Wobei ich dann aber immer hinzufüge: «Aber dann wissen wir wenigstens, woran wir sind. Leute, die nur unter Druck dabeibleiben, sind in der Regel nicht wiedergeboren!»

Es gibt nämlich tatsächlich in unseren Kirchen und Gemeinden eine ganze Reihe von Mitgliedern, die niemals eine wirkliche Bekehrung oder Wiedergeburt durch den Heiligen Geist erlebt haben. Aus irgendwelchen Gründen haben diese Leute jedoch die spezifischen Lasten des Christentums auf sich genommen und ihr Verhalten den Erwartungen einer christlichen Kultur angepaßt.

Wichtig wäre, herauszufinden, wo diese Menschen stecken, so daß man ihnen zu einer echten Bekehrung und Wiedergeburt verhelfen kann. Denn nur dann können sie das Joch Jesu auf sich nehmen, ein Joch, von dem der Herr sagte, es sei ein leichtes!

Noch weitere unbequeme Fragen sollten wir uns nicht scheuen zu stellen. Sind wir selbst Leiter, so sollten wir kritisch unsere Motive erforschen: Warum streben wir nach einer Leiterfunktion? Weil wir sie für eine Berufung Gottes halten? Weil wir unseren Mitchristen dienen wollen? Oder weil wir dadurch Anerkennung bekommen oder ein sonstiges ungestilltes Bedürfnis befriedigen können?

Auch als Gemeinde sollten wir unseren Leitern einige Fragen stellen, und wir sollten nicht eher Ruhe geben, bis sie ausreichend beantwortet worden sind. Jede Gemeinde hat ein Recht darauf zu erfahren, warum ihr Pastor und sonstige leitende Mitarbeiter im Amt sind. Dabei sollte die Gemeinde ruhig sehr genau hinschauen und prüfen, ob die jeweilige Frucht der Arbeit auch mit den angegebenen Motiven übereinstimmt.

Wer du wirklich bist, ist unwichtig. Was die Leute von dir denken, das ist wichtig!

Joseph Kennedy

Zu Beginn des 20. Jahrhunderts, eigentlich schon zur viktorianischen Zeit, wurde die Moral durch äußeres Verhalten ersetzt. ... Dieser Trend hat im Laufe der Zeit dazu geführt, daß Kultur und Gesellschaft immer mehr von einem korrupten und gegen den christlichen Glauben gerichteten Verhalten dominiert werden.

R. J. Rushdoony

Alle ihre Werke aber tun sie (die Pharisäer), damit sie von den Leuten gesehen werden ... Weh euch, Schriftgelehrte und Pharisäer, ihr Heuchler, die ihr die Becher und Schüsseln außen reinigt, innen aber sind sie voller Raub und Gier!

Jesus Christus (Mt 23,5.25)

Kapitel 5

«Seht her, wie fromm wir sind!»

Daß Menschen vor anderen Menschen etwas gelten wollen, ist eine Eigenart ihrer Natur. Einige christliche Leiter und Organisationen (wie auch einige Politiker und Parteien) kümmern sich allerdings in übermäßiger Weise um ihr Image. Und sobald eine Kirche anfängt, Sitte vor Moral zu stellen und Schein vor Sein, ist sie zu dem Zerrbild geworden, gegen das Jesus Stellung bezieht (Mt 23,5; 7.25; 28).

Vor kurzem erhielt ich einen Brief aus Rumänien, der mir wieder einmal deutlich machte, wie christliche Leiter ihre Mitchristen mißbrauchen, wenn es ihnen nur um ihr äußeres Erscheinungsbild geht:

Der einheimische Pastor, der mich nicht näher kannte (außer durch ein Buch von mir, das er gelesen hatte), lud mich ein, nach Rumänien zu kommen, fühlte sich aber verpflichtet, vor dem geplanten Besuch zunächst einige Dinge klarzustellen.

Seit der Revolution, so schrieb er, würde Rumänien von christlichen Organisationen geradezu überschwemmt, und alle wollten in diesem Land große Versammlungen und Evangelisationen abhalten. Doch dabei gehe es diesen Christen vor allem um Public Relations. Man mache ein Foto nach dem anderen, damit die Leute zu Hause auch sähen, was für tolle Evangelisationen in Rumänien stattfänden, und diese Arbeit dann fleißig unterstützten. «Und das alles tun sie hauptsächlich aus Eigennutz und um ihren Ruf als internationales Hilfswerk auszubauen, und nicht weil sie uns helfen wollen», schrieb dieser Pastor traurig.

Gehört Klappern zum (christlichen) Handwerk?

Vor vielen Jahren – ich war damals noch recht jung im Glauben – hatte ich in einer Großstadt an der Westküste der Vereinigten Staaten eine Straßenmissionsarbeit ins Leben gerufen. Die Straßeneinsätze wurden von verschiedenen Kirchengemeinden finanziell unterstützt und wandten sich an junge Leute, die in die Drogenszene geraten waren. Einige dieser jungen Menschen wurden tatsächlich Christen und berichteten in bewegenden Worten über ihre Bekehrungen. Ich wählte damals die dramatischsten Zeugnisse aus, druckte sie ab und verteilte die Rundbriefe an die Gemeinden, die uns unterstützten. Alle waren begeistert, und ich gewann stetig an Ansehen. Dies gab mir den Mut, in noch bewegenderen Worten über unsere Arbeit zu berichten, wobei ich die Fehlschläge bewußt nicht an die große Glocke hängte (oder gar nicht erwähnte). Zwar log ich nicht direkt, malte aber in den Rundbriefen ein viel zu optimistisches Bild der Lage.

Im Lauf der Zeit wirkte diese Schönfärberei auch auf die Art und Weise ab, wie ich mit den Mitarbeiterinnen und Mitarbeitern umging. Ich erinnere mich noch genau an den Tag, als einige Abgesandte der uns unterstützenden Gemeinden uns besuchten, um sich die Arbeit einmal anzusehen. Ich sorgte dafür, daß alle sehr beschäftigt aussahen, und schickte auch die Leute, die an jenem Tag eigentlich andere Pläne hatten, auf die Straße zum Missionieren.

Nach einiger Zeit meldete sich dann allerdings mein Gewissen, und ich suchte denjenigen Pastor auf, der die größte und wichtigste Gemeinde leitete, die uns unterstützte. Meine Absicht war es, meine Schuld zuzugeben, und ich erwartete eine harte Ermahnung und wohl auch den Zuspruch der Vergebung. Doch was geschah? Nachdem sich der Mann meine Geschichte angehört hatte, sah er mir verwundert in die Augen und meinte: «Also, Ken, ich weiß gar nicht, was du willst. Klappern gehört zum Handwerk. Wir wissen doch alle, daß immer ein wenig übertrieben wird. Das kalkulieren wir von vornherein ein.»

Wenn es stimmt, was dieser Mann mir damals sagte, bedeutet das im Klartext, daß die Christen sich gegenseitig etwas in die Tasche lügen und Fakten falsch darstellen, um nach außen hin gut dazustehen. Dann wundert es mich nicht, daß die anderen Menschen uns nicht ernst nehmen.

Heute bin ich aktiv im Heilungsdienst tätig und halte Lehrvorträge zum Thema «Gebet für Kranke». Wie oft muß ich in diesem Bereich hören, daß Menschen von sogenannten «Glaubensheilern» mißbraucht und manipuliert wurden! Es ist in diesem «Geschäft» leider gang und gäbe, daß Menschen dazu gedrängt werden, über eine Krankenheilung zu berichten, die gar nicht stattgefunden hat. Andere führen die fehlende Heilung auf mangelnden Glauben zurück. So oder so: Der kranke Mensch wird geistlich mißbraucht und auf diese Weise erneut zum Opfer. Und das alles nur, weil gewisse Pseudo-Heiler auf ihr Image bedacht sind und nach außen hin gut dastehen wollen!

«Nur nicht darüber reden!»

Oder ich denke an den Pastor, der seine Gemeinde ständig regelrecht ausschimpft, weil die Leute nicht zahlreich und häufig genug an den einzelnen Veranstaltungen teilnehmen und «die Mitarbeit sehr zu wünschen übrigläßt». Warum kehren solche Pastoren nicht zunächst einmal vor ihrer eigenen Tür und überlegen sich, ob sie vielleicht daran schuld sind, daß die Leute so selten kommen? Doch vielen geht es gar nicht darum, zu erkennen, wo die Fehler tatsächlich liegen. Viele wollen nur nach außen hin einen guten Eindruck machen.

Eine der zahlreichen Möglichkeiten, das gute Image aufrechtzuerhalten, besteht darin, einfach unter den Teppich zu kehren, daß wir immer noch schwache Menschen in einer gefallenen Welt sind. Pastoren, die so handeln, sind vom Typ her meist «fröhliche» Leute. Sie lächeln viel und sind permanent «gut drauf». Die Predigten strotzen nur so von Patentrezepten und einfachen Antworten. Daß ein Pastor oder eine Pastorin mit Sünde zu kämpfen hat, vielleicht sogar Schwierigkeiten in der eigenen Ehe hat oder nicht mit den Kindern klarkommt, wird niemals erwähnt. Wenn persönliche Probleme zur Sprache kommen, dann stets in der Vergangenheitsform, damit das «siegreiche Leben», in dem man sich jetzt befindet, um so glorreicher erscheint. Um solche Leiter scharen sich dann auch mit Vorliebe die Ja-Sager und Kopfnicker, die am liebsten immer alles hübsch harmonisch haben. Eine solche Leugnung von Problemen ist jedoch unehrlich und begünstigt den geistlichen Mißbrauch.

Die wortlose Botschaft wird sehr wohl verstanden: «Bei uns wird über Probleme nicht geredet, und Sünde wird unter den Teppich gekehrt.» Schmerz existiert nicht; Hilfe beim Lastentragen gibt es nicht. Die ganze Gemeinde entfernt sich mehr und mehr von der Realität und folgt dem Leiter in seine Traumwelt.

Solche Verleugnungsmuster führen zu schwerwiegendsten Problemen. Was tut zum Beispiel ein Paar, das sich in einer tiefen Ehekrise befindet? Die beiden haben gelernt, daß es darauf ankommt, dies nicht nach außen hin sichtbar werden zu lassen. Und so wahren sie die Fassade, verstecken ihre Qualen und Nöte und werden um so tiefer in die Isolation getrieben. Die Ehe nähert sich dem Abgrund, und niemand merkt es.

Wer Familienprobleme hat, deckt sie zu, weil er weiß, daß die Gemeinde solche Probleme totschweigt. Man lächelt weiter, stets darauf bedacht, gut dazustehen – wie ein Christ auszusehen, statt einer zu sein. Niemand bemerkt das Leiden, und der Familie geht es schlechter und schlechter.

Natürlich wird es immer einige verzweifelte Seelen geben, deren Leidensdruck so stark ist, daß sie nach Hilfe schreien. Einer meiner Freunde erzählte mir einmal, wie bei ihnen in der Gemeinde mit solchen Leuten umgegangen wurde: «Wenn jemand seelsorgerlichen Rat suchte, weil er ein ernsthaftes Problem hatte, versuchten wir als erstes, die Leute dazu zu bringen, nicht allzuviel darüber zu reden. Wenn jemand sich von der Gemeinde unter Druck gesetzt fühlte, wandten wir unsererseits Druck an und wiesen die Person darauf hin, daß es wenig hilfreich sei, das Problem anderen gegenüber zu erwähnen.

Letztlich deckten wir alle Probleme mit dem berühmten Mantel des Schweigens zu, nach dem ja auch in kaputten Familien so oft gegriffen wird.»

Es ist klar, daß nicht alle Kirchen und Gemeinden die seelsorgerlichen und psychotherapeutischen Mittel zur Verfügung haben, um sämtliche Probleme zu lösen. Aber es kann von jeder Gemeinde verlangt werden, daß sie ihren Problemkindern einen Ort der Geborgenheit zur Verfügung stellt. Paulus ermahnt uns: «Einer trage des andern Last, so werdet ihr das Gesetz Christi erfüllen» (Gal 6,2). Wer nicht zugibt, daß er eine Last hat, wird auch niemanden finden, der sie ihm abnimmt.

Problemverleugnung und -verdrängung wird in manchen Gemeinden regelrecht zu einem Lebensstil. Die Leiter machen ihn vor; die Gemeinde folgt. Doch so, wie es Problemfamilien gibt, ist eine christliche Gemeinde, die nur um des äußeren Scheins willen ihre Schwachstellen nicht sehen will, zu einer Problemgemeinde geworden.

Die «Totschweigetaktik»

Eines der Hauptmerkmale einer Problemgemeinde oder religiösen Gruppierung, in der geistlicher Mißbrauch stattfindet, besteht darin, daß die Mitglieder verpflichtet werden, über die anstehenden Probleme zu schweigen. Mit Hilfe dieser «Totschweigetaktik» gelingt es den Leitern, nach außen hin die Fassade weiter zu wahren und im Inneren nichts ändern zu müssen. Es versteht sich von selbst, daß über das Thema «Redeverbot» am allerwenigsten geredet werden darf.

Wer eine derartige Verführung und Unterdrückung gutheißt, betreibt nicht nur geistlichen Mißbrauch, sondern zeigt auch, daß er nicht verstanden hat, was christliche Gemeinschaft bedeutet. Wenn es Bereiche gibt, über die Sie mit Ihrer Gemeindeleitung nicht sprechen dürfen – Fragen der Leitung, der Entscheidungsfindung oder der Finanzen zum Beispiel – sind Sie nicht im biblischen Sinne Mitglied einer christlichen Gemeinschaft. Sie gehören statt dessen, um es mit den Worten von Schaef und Fasell auszudrücken, einer «addictive organization» an, d. h. einer «auf die Abhängigkeit ihrer Mitglieder zielenden Organisation». «Kommunikation in solchen Organisationen», so schreiben diese Autoren, «geschieht meistens indirekt ... Wenn die Leute etwas gegeneinander haben, gehen sie weder zu der betreffenden Person, noch sprechen sie über das Problem in einem öffentlichen Rahmen. Statt dessen geht man den Betreffenden aus dem Weg und redet hinter ihrem Rücken über sie.»[1]

Klatsch und Tratsch ist eines der Hauptübel in unseren heutigen Gemeinden. Wenn in einer Gemeinde das ungeschriebene Gesetz des Redeverbots herrscht, wird die Sache nur noch schlimmer. Denn sobald es verboten ist, anstehende Probleme auf legitime Art und Weise zu besprechen, werden sie auf illegitime Weise besprochen. Dies zeigt lediglich an, daß die Gemeindemitglieder ein Ventil für ihre Frustration brauchen. Ein solcher Tratsch mindert die Frustration gegenüber der Leitung, allerdings nur auf kurze Sicht. Auf lange Sicht führt er zu einer Vergiftung des Klimas innerhalb der Gemeinde.

Tratsch kann andererseits für die Gemeindeleitung zu einem Instrument der Herrschaftsausübung werden. Weil die Leiterpersönlichkeiten Insider sind, besitzen sie die Macht der Wissenden. Je nachdem, wer dazu auserwählt ist, von ihnen Informationen zu bekommen, und wer nicht, haben sie es in der Hand, die Mitglieder zu verwirren oder in ihrem Sinne zu beeinflussen.

Ein Beispiel: Ein weibliches Gemeindemitglied findet den autoritären Leitungsstil des Pastors unerträglich. Sie spricht ihn daraufhin an, doch er schiebt die Kritik zur Seite. Dann wendet sie sich mit ihrer Sorge an andere Gemeindemitglieder, was zur Folge hat, daß der Pastor die Frau als Bedrohung empfindet. Nun geht der Mann zum Gegenangriff über: Einigen seiner Amtsbrüder vertraut er an, daß besagte Frau schon immer (wie er aus seelsorgerlichen Gesprächen mit ihr weiß) ein «Problem mit der Unterordnung» hatte, besonders gegenüber Männern. Als Pastor ist der Mann natürlich sehr besorgt über diese rebellische Haltung gegenüber «biblisch begründeter

Autorität», aber wenigstens erklärt dies, warum sie ihn angegriffen hat. Die berechtigte Sorge der Frau wird mit diesem Erklärungsmuster beiseite geschoben, und die Frau wird (indem sie das Etikett «rebellisch» erhält) zutiefst gekränkt.

«Pastoraler Tratsch» ist eines unter vielen Mitteln, den Informationsfluß zu steuern und die Macht aufrechtzuerhalten. Ein anderes besteht darin, einen sogenannten «hierarchischen Informationsfluß» sicherzustellen. Damit ist gemeint, daß Informationen immer über die Leiterperson fließen müssen. Probleme auf der horizontalen Ebene mit anderen als den Betroffenen zu diskutieren, ist untersagt. Der Leiter hat es auf diese Weise in der Hand, die Informationen für sich zu behalten oder an eine andere Stelle über sich weiterzuleiten. Es entsteht ein geschlossenes System, in dem jeder zum Schweigen gebracht werden kann, der unliebsame oder unbequeme Informationen besitzt.

Ein geistlich gesundes System lebt vom freien Informationsfluß. Alle Mitglieder haben Zugang zueinander und können Sorgen und Informationen nach Gutdünken untereinander austauschen. Kranke Systeme glauben, den freien Fluß unterbinden zu müssen. Um mit Arterburn und Felton zu sprechen: «In einem geistlich vergifteten Klima ist Kommunikation immer eine Einbahnstraße. Dort gilt Information nur dann etwas, wenn sie von der Spitze der Organisation ausgeht und nach unten weitergegeben wird ... Alles, was nicht dem entspricht, was die Leiter ohnehin schon glauben, wird beiseite geschoben.»[2]

Eine solche Unwilligkeit, die freie Meinungsäußerung zu respektieren, ernste Fragen zuzulassen und über alles miteinander zu reden, sind wichtige Kennzeichen eines Systems, in dem geistlicher Mißbrauch betrieben wird.

Der Ruf nach «Einheit»

Ein weiteres Kennzeichen von Gruppen, in denen hinsichtlich bestimmter Themen Redeverbot herrscht, besteht darin, daß Leute, die dieses Verbot übertreten, stark unter Druck gesetzt werden. Man sagt ihnen, daß alles so lange in Ordnung gewesen sei, bis sie angefangen hätten, alles in Frage zu stellen. (Ganz ähnlich wird übrigens innerhalb einer gewalttätigen Familie reagiert, wenn das erste Mitglied das Schweigen bricht und den Mißbraucher anklagt.)

Wenn es solche «Unruhestifter» wagen, die Probleme der Gruppe nach außen zu tragen, wird man innerhalb der Gruppe alles daransetzen, um sie unglaubwürdig erscheinen zu lassen. Manchmal werden Gegendarstellungen veröffentlicht, doch meist werden der Geisteszustand oder die psychische Beschaffenheit der Betreffenden in Frage gestellt werden. Fast immer werden die eigentlichen Probleme totgeschwiegen und natürlich erst recht nicht gelöst. Nein, zum Problem werden auf einmal die «Unruhestifter», diejenigen, die es gewagt haben, die Harmonie zu stören. Auf diese Weise geht man jeder sachlichen Untersuchung aus dem Weg, und die Verleugnungsstrategie nimmt ihren Weg.

Einem meiner Freunde erging es so. Als er sich dazu durchrang, einige der Glaubensgrundlagen seiner Denomination in Frage zu stellen und den dort praktizierten geistlichen Mißbrauch anzuprangern, wurde er von der Leitung umgehend stigmatisiert. Statt auf seine sehr spezifischen und gut nachvollziehbaren Beschwerden einzugehen, fingen Leiter dieser Denomination an, öffentlich darüber zu spekulieren, ob seine «Aggressionen» nicht daher rühren könnten, daß er sich von ihnen vernachlässigt oder verletzt gefühlt habe. Dann hieß es, er habe immer schon ein Problem mit der Anerkennung von Autorität gehabt. Andere wiederum, die behaupteten, ihn gut zu kennen, wollten sein Vorgehen gar auf Verletzungen aus der Kindheit zurückführen! Einige Vorstandsmitglieder erreichten es sogar, daß unsere Lokalzeitung einen Artikel, den mein Freund geschrieben hatte, in letzter Minute absetzte. Denn dieser Artikel (der übrigens sachlich und fair geschrieben war) hätte nur dazu geführt, so wurde argumentiert, die «Einheit der Gemeinde» zu untergraben.

Appelle, man wolle die Einheit erhalten und die Gemeinde nicht spalten, gehören zum Standardrepertoire mißbrauchender Gruppen. Meist funktioniert diese Taktik sogar, denn wer will schon gerne die Einmütigkeit in seiner Gemeinde zerstören? Wir alle sehnen uns nach Einheit; sogar die Engel sehnen sich danach. Doch wie sagte Gene Edward so treffend? «Vorsicht vor den Leuten, die zuviel von der Einmütigkeit reden!»[3] Der Ruf nach Einheit ist leider allzuoft nur ein Schutzmechanismus vor unbequemer Kritik. Ein «Überlebender» einer solch diktatorischen Gemeinde sagte einmal: «Ich bin es satt! Ich bin es satt, wenn in unserer Gemeinde den Leuten auf den Füßen herumgetrampelt wird und sich kaum noch jemand traut, etwas zu sagen – und das alles im Namen der Einheit. Ich bin es satt, eine Organisation zu repräsentieren, die so wenig Selbstvertrauen hat, daß sie noch nicht einmal unterschiedliche Meinungen in ihren eigenen Reihen ertragen kann und nicht das kleinste Maß an konstruktiver Kritik, wenn es um die Politik derer geht, die die anderen tyrannisieren.»[4]

Jeder Appell an die Einheit sollte darum kritisch untersucht werden. Geht es dabei um echte, christliche Einheit oder nur um eine oberflächliche und unchristliche Uniformität? Wirkliche Einheit ist freiwillige, gegenseitige Unterordnung, zu der man sich jeden Tag wieder neu durchringen muß. Einheit und Zwang schließen einander aus. Wer Einheit definiert als ein «Ja und Amen sagen zu allem, was die Leitung sagt», hat sich für die Einheit einer Diktatur entschieden, nicht jedoch für die Einheit derer, die sich freiwillig und gerne um Christi willen einander unterordnen. Wenn im Namen der Einmütigkeit wichtige Belange und Probleme nicht beredet und behandelt werden, brauchen wir uns dieser Art von Einheit nicht zu beugen.

Gebetsriemen, schwarze Bibeln und «Predigerstimmen»

Zur Zeit Jesu waren die Pharisäer sehr auf die Einheit unter ihren Leuten bedacht. Mit Hilfe des Gesetzes versuchten sie, eine uniformistische Orthodoxie in Lehre und Frömmigkeit durchzusetzen, und Jesus erwies sich einem solchen Anliegen gegenüber als Unruhestifter. Er nahm sich die Freiheit, den

Pharisäern einige unbequeme Dinge zu sagen. Zum Beispiel scheute er sich nicht, ihnen vorzuhalten, daß es ihnen vor allem um das Ansehen ging: «Alle ihre Werke aber tun sie, damit sie von den Leuten gesehen werden. Sie machen ihre Gebetsriemen breit und die Quasten an ihren Kleidern groß» (Mt 23,5).

Gebetsriemen waren schwarze Riemen mit einer kleinen Lederbox, die einen Bibelvers enthielt und von den Pharisäern direkt an der Stirn getragen wurde, damit auch jedermann sah, wie groß ihre Hingabe an das Gesetz Gottes war. Der Gedanke stammt ursprünglich aus dem 5. Buch Mose, wo es heißt, die Kinder Israels sollten sich die Gebote Gottes aufs Herz schreiben, sie ihren Kindern weitersagen und sie an ihre Hände und an ihre Stirn binden (vgl. 5. Mose 6,6–8). All dies sind wunderbare hebräische Symbole, die jedoch keinesfalls wörtlich zu verstehen sind. Gottes Gebot «an die Hände zu binden» bedeutet, daß wir uns auch bei der Arbeit mit unseren Händen an seine Weisungen halten, und «das Gesetz an die Stirn zu heften» ist ein Bild dafür, daß es unseren Geist erziehen und unsere Entscheidungen lenken soll.

Wer sich statt dessen ein Lederkästchen mit einem Bibelvers vor die Stirn bindet, hat nicht verstanden, worum es geht. Und wer sich, wie die Pharisäer, dieses Kästchen vor allem deshalb anzieht, weil er dadurch besonders fromm erscheinen möchte, gibt nun wirklich eine komische Figur ab. Doch solche Symbole der eigenen Frömmigkeit waren den Pharisäern offensichtlich wichtiger als die Frömmigkeit selbst.

Auch heute noch gibt es Beispiele für die Frömmigkeitssymbole bestimmter religiöser Gruppen. Für alle Außenstehenden sehen solche Symbole ebenfalls lächerlich aus. Ich kenne eine Reihe von leitenden Christen, denen es vor allem auf die richtige Bibelausgabe ankommt: Sie muß groß und schwarz sein (natürlich in der richtigen Übersetzung!), möglichst ein wenig «eselsohrig» und mit einem Markierstift schön buntgemalt. In anderen Gruppen legt man Wert darauf, auf eine bestimmte Art und Weise zu sprechen und in die Unterhaltungen öfter mal ein «Preis' den Herrn!» einfließen zu lassen. Wieder andere Gemeinden schreiben schwarze Anzüge und Krawatten vor;

manche «Jesus Freaks» dagegen halten lange Haare, Jeans und T-Shirts für angemessener. Die Liste ließe sich beliebig fortsetzen.

Was mich persönlich am meisten auf die Palme bringt, ist ein besonderer Tonfall, der Frömmigkeit ausdrücken soll. Ich nenne diese Art von Stimme gerne «Predigerstimme». Nicht wenige Prediger ändern nämlich die Lautstärke und den Tonfall ihrer Stimme, sobald sie eine Kanzel betreten (wahrscheinlich, um mehr wie die Stimme Gottes zu klingen, nehme ich an). Man «spielt» den Diener Gottes, statt einer zu sein.

All das geschieht natürlich nur, um Eindruck zu machen. Am besten kümmert man sich um solche religiösen Macken nicht weiter, oder man lacht darüber. Es ist jedoch dann Aufmerksamkeit geboten, wenn diese «Ticks» ausarten und ein Zeichen dafür sind, daß echte Frömmigkeit bei solchen Menschen nicht mehr vorhanden ist.

Wer zuviel Wert auf Äußerlichkeiten legt, ist nicht gerade vertrauenswürdig, und wenn solche Menschen an die (kirchliche) Macht gelangen, werden sie zu einer Gefahr; und man sollte ihnen keinesfalls trauen oder ihnen folgen. Denn wenn es einem Menschen hauptsächlich um die Anerkennung bei anderen geht, wird er Äußerlichkeiten immer über die wirklichen Nöte und Bedürfnisse der ihm anvertrauten Gemeindemitglieder stellen.

Wer seine Frömmigkeit an die große Glocke hängt, muß sich die Kritik Jesu aus Matthäus 23,25 gefallen lassen: «Weh euch, Schriftgelehrte und Pharisäer, ihr Heuchler, die ihr die Becher und Schüsseln außen reinigt, innen aber sind sie voller Raub und Gier!» Es gibt solche Leiterfiguren, die sich sonntags fein herausputzen und allen anderen vorschreiben, wie der Gottesdienst abzulaufen hat. In ihrem Herzen aber sind sie geistlich tot.

Viele dieser Leiter sind zu Opfern der Systeme geistlichen Mißbrauchs geworden, die sie selbst einmal ins Leben gerufen haben. Sie ernten nun, was sie gesät haben, und finden niemanden mehr, der ihnen ihre Last abnimmt.

Ehrenplätze und Ehrentitel

Jesus setzt seine Anklage gegen die Pharisäer fort, indem er sagt: «Sie sitzen gern obenan bei Tisch und in den Synagogen und haben's gern, daß sie auf dem Markt gegrüßt und von den Leuten Rabbi genannt werden» (Mt 23,6–7). Nun ist sicher nichts dagegen einzuwenden, daß ein Gast hin und wieder einen Ehrenplatz an der Tafel erhält. Auch ist es nicht falsch, einem anderen Menschen Ehre zu erweisen. Das Problem der Pharisäer bestand jedoch darin, daß sie diese Ehrerweisung einforderten. Sie bestanden darauf, als ehrwürdige Bürger angesehen zu werden, als das, was sie eigentlich nicht waren.

Stellenweise wirkt die Beschreibung der Pharisäer durch Jesus geradezu komisch. So sagt er in Matthäus 6, daß die Pharisäer jedesmal, bevor sie ein Opfer darbringen, die Posaunen blasen ließen, damit sie «von den Leuten gepriesen werden» (Vers 2). Auch ihre Gebete verrichten sie nur, um Eindruck zu schinden: Sie stellen sich «in den Synagogen und an den Straßenecken» (Vers 5) so hin, daß sie von allen gesehen werden. Jesus warnt uns vor einem solchen Streben nach Anerkennung; er möchte nicht, daß wir «unsere Frömmigkeit vor den Leuten üben, um von ihnen gesehen zu werden» (Vers 1). Wer betet, soll dies im stillen Kämmerlein tun und die Tür gut hinter sich verschließen (vgl. Vers 6).

Jesus hält Menschenfurcht und Streben nach Anerkennung nicht nur den Pharisäern vor. Auch seine eigenen Jünger müssen sich diese Vorwürfe gefallen lassen (vgl. Mt 18,1–5; 19,27; 20,9–16.28). Um mit Dale Brunner zu sprechen: «Der Wunsch, obenan zu stehen und als etwas Großes zu gelten, ist eines der Hauptübel, gegen das sich Jesus in den Evangelien wendet ... Das Streben nach Größe ist nach den Worten Jesu aus Matthäus 23 die Hauptursache falscher Frömmigkeit.»[5]

Daß es den Pharisäern vor allem um die Anerkennung bei ihren Mitmenschen ging, erkennt man zum Beispiel daran, daß sie sich gerne «mein Großer» nennen ließen (so die wörtliche Übersetzung des Ausdrucks «Rabbi»). Das heutige Äquivalent dieser Ehrenbezeichnung hängt von den Gepflogenheiten der jeweiligen Kirche oder Gemeinde ab. In einigen Kreisen ist die Anrede «Herr Pastor» oder «Herr Pfarrer» beliebt, in anderen «Hochwürden», in wieder anderen «Herr Dr. Soundso». Die unausgesprochene Devise lautet: «Damit ihr auch wißt, wer hier das Sagen hat!» Ich kenne Gemeindeleiter, die Wert darauf legen, von den Gemeindemitgliedern (teilweise sogar von der eigenen Familie!) mit «Pastor X» oder «Dr. Y» angesprochen zu werden. Gleich den Pharisäern tun sie dies, um die ihnen (wie sie meinen) zustehende Ehre und Anerkennung einzufordern. Wenn Sie meine persönliche Meinung zu diesem Thema hören wollen, so lautet sie, daß der Wunsch eines christlichen Leiters nach Anerkennung seiner Autorität durch den Gebrauch eines Titels umgekehrt proportional zu seiner wirklichen geistlichen Autorität ist! Wer eine solche Anrede fordert, hat es offensichtlich nötig! Vielleicht ist dies einer der Gründe, warum Jesus gegen die Titelsucht radikal Stellung bezieht:

> «Ihr sollt euch nicht Rabbi nennen lassen; denn einer ist euer Meister; ihr aber seid alle Brüder. Und ihr sollt niemanden unter euch Vater nennen auf Erden; denn einer ist euer Vater, der im Himmel ist. Und ihr sollt euch nicht Lehrer nennen lassen; denn einer ist euer Lehrer: Christus. Der größte unter euch soll euer Diener sein. Denn wer sich selbst erhöht, der wird erniedrigt; und wer sich selbst erniedrigt, der wird erhöht» (Mt 23,8–12).

Eine drastischere Ausdrucksweise kann ich mir kaum vorstellen. Wenn wir Jesu Worte an dieser Stelle ernst nehmen, werden wir in Zukunft einige unserer Leiter wohl kaum noch in derselben Weise anreden dürfen wie bisher.

Eine zeitgenössische Version von Vers 8 würde also lauten: «Laßt euch auf keinen Fall jemals mit den Titeln ‹Dr.›, ‹Reverend› oder ‹Meister› anreden. Denn ihr habt nur einen Meister, und ihr alle seid untereinander Brüder und Schwestern.» Deutlicher kann man hierarchische Strukturen eigentlich nicht abweisen. Jesus verschreibt sich hier radikal der absoluten Gleichheit und Gleichwertigkeit der Geschwister innerhalb der christlichen Gemeinde!

Er fährt deshalb fort: «Und ihr sollt niemanden unter euch Vater nennen auf Erden; denn einer ist euer Vater, der im Himmel ist» (Mt 23,9). Mit anderen Worten: Selbst wenn jemand diese Anrede von uns verlangt, sollten wir ihm diesen Gefallen nicht tun! Es gibt einfach keine Höhergestellten im Reich Gottes. Wir sind auf eine radikale Weise alle gleichgestellt; wir sind alle Mitglieder desselben «Haushalts Gottes» (vgl. Eph 2,19; 1. Tim 3,15).

Es ist in diesem Zusammenhang sehr interessant, wie Paulus in seinen Briefen mit den Anreden «Diakon» oder «Bischof» umgeht. In Philipper 1,1 zum Beispiel läßt er vor dem Wort «Bischof» (oder «Aufseher») den direkten Artikel aus. Er tut dies sehr bewußt, denn er will darauf hinweisen, daß die Funktionen «Bischöfe» und «Diakone» eigentlich keine Ämter, sondern Dienstbereiche innerhalb der Gemeinde sind. Es geht hier also nicht um eine hierarchische Abstufung, sondern darum, wer in der Gemeinde welche Aufgabenbereiche hat. Ralph Martin sagt darum in seinem Kommentar zu Recht: «Die Ausleger sind sich einig, daß diese Worte [Aufseher und Diakone] nicht auf Amtsinhaber zielen, sondern auf einen bestimmten zugewiesenen Verantwortungsbereich.»[6]

Während Jesus den Gebrauch geistlicher Amtstitel grundsätzlich untersagte, unterstrich Paulus, daß sie dann benutzt werden dürfen, wenn sie die jeweilige dienende Funktion bezeichnen. Wir dürfen Amtstitel zum Beispiel auch dann benutzen, wenn eine Nichtbenutzung Mißverständnisse auslösen würde. Wenn mich eine Bekannte in unserer Gemeinde ihrer Mutter vorstellt, ist es selbstverständlich, daß sie mich als Pastor bezeichnet. Wenn ich mich an einer Hochschule bewerbe, wäre es Dummheit, wenn ich meinen Doktortitel verschweige.

Auch will Jesus nicht zum Ausdruck bringen, daß es in seinem «Haushalt» (der Kirche oder Gemeinde) niemanden geben dürfe, der als geistlicher Vater, als geistliche Mutter, als Ältester, theologischer Fachmann, als Lehrer oder Leiter(in) fungiert. Was er aber betonen möchte, ist die Tatsache, daß es sich bei diesen Verantwortungsbereichen um Dienste für andere handelt und nicht um eine Möglichkeit, sich ihnen gegenüber als «mein Großer» hervorzutun. Paulus greift diese Thematik im Philipperbrief auf, wenn er sagt:

> «Tut nichts aus Eigennutz oder um eitler Ehre willen, sondern in Demut achte einer den andern höher als sich selbst, und ein jeder sehe nicht auf das Seine, sondern auch auf das, was dem andern dient. Ein jeder sei gesinnt, wie Jesus Christus auch war. Er, der in göttlicher Gestalt war, hielt es nicht für einen Raub, Gott gleich zu sein, sondern entäußerte sich selbst und nahm Knechtsgestalt an, ward den Menschen gleich und der Erscheinung nach als Mensch erkannt» (Phil 2,3–5).

Es mag ein menschlicher Trieb sein, Autorität durch Titel oder Ämter zu untermauern, um das Selbstvertrauen zu stärken, aber wir sollten uns darüber im klaren sein, daß Jesus so etwas nicht erlaubt. Der einzige Weg zur Größe im Reich Gottes ist der Weg der Dienerschaft, ein Weg, der für jeden Gläubigen Konsequenzen bis in die Ewigkeit hat: «Denn wer sich selbst erhöht, der wird erniedrigt; und wer sich selbst erniedrigt, der wird erhöht» (Mt 23,12). Dale Brunner führt in diesem Zusammenhang aus: «Die Zeitform des passiven Futurs der Verben ‹demütigen› und ‹erhöhen› weist klar auf den Zeitpunkt des Jüngsten Gerichts.»[7] Das heißt: Wenn auch der Dienst am Nächsten auf Erden manchmal unbelohnt bleibt; irgendwann einmal wird er seinen gerechten Lohn bekommen (vgl. auch Mt 16,27).

Worthülsen und rhetorische Kniffe

Leiter, die Mißbrauch im Amt betreiben, tun dies, um ihre Frömmigkeit zur Schau zu stellen und mit Hilfe ihrer Titel und Ämter den Menschen zu zeigen, wie anerkennenswert sie sind. Ein wichtiges Instrument zur Erreichung dieses Ziels ist die Sprache. Diktatorische Leiter benutzen Sprache nicht, um zu klären, sondern um zu verdecken. Durch Worte verwirren, manipulieren und drohen sie. «Weh euch, ihr verblendeten Führer», schmettert Jesus den Pharisäern entgegen. «Ihr sagt:

Wenn einer schwört bei dem Tempel, das gilt nicht; wenn aber einer schwört bei dem Gold des Tempels, der ist gebunden. Ihr Narren und Blinden!» (Mt 23,16–17).

Die Irrlehrer zur Zeit Jesu behaupteten, die Gedanken Gottes zu kennen, und gingen dabei oft über das hinaus, was in klaren Worten in der Heiligen Schrift offenbart ist. In Matthäus 23,16–22 spricht sich Jesus gegen jede Art von religiöser Sprache aus, die verborgen und dunkel, geheimnisvoll oder gnostisch, esoterisch oder unnötig komplex ist. Es gibt hin und wieder theologische «Gurus», die sich des absichtlich verdunkelnden Sprachgebrauchs schuldig machen. Und es gibt auch im christlichen Bereich heutzutage «Propheten», die sich auf göttliche Offenbarungen und Mächte berufen und von sich behaupten, zu verborgenen himmlischen Quellen Zugang zu haben, die den normalen Sterblichen vorenthalten bleiben. Manche «Glaubensheiler» erzählen uns, sie wüßten ganz genau, welche Gebete für welche Arten von Krankheiten Gott beantwortet und welche nicht. Und immer wieder stehen Männer und Frauen auf und behaupten von sich, mehr in der Bibel entdeckt zu haben, als dort auf den ersten Blick (und in klaren, verständlichen Worten) zu lesen steht. Doch wann immer geistliche Leiter ein besonderes Geheimwissen über Gott und die Bibel für sich beanspruchen, sollten wir auf der Hut sein, denn wir könnten es mit Mißbrauchern im geistlichen Amt zu tun haben.

Solche Menschen benutzen ihre verwirrenden Worte, um nicht zugeben zu müssen, daß sie selbst unsicher sind. Früher oder später werden sie jedoch irgend etwas sagen, das ihre früheren Worte ad absurdum führt und leicht als Taktik zu durchschauen ist. Und statt ihren Fehler zuzugeben, werden sie dann alle möglichen rhetorischen Kniffe anwenden, um sich aus der Affäre zu ziehen.

Kürzlich wurde ein Pastor gefragt, wie hoch eigentlich sein Jahresgehalt sei. Seine Antwort lautete: «70000 Dollar.» Später stellte sich jedoch heraus, daß das Gehalt in Wirklichkeit fast 500000 Dollar betrug. Daraufhin meinte der Betreffende: «Ach so ... Ich meinte damit eigentlich mein Grundgehalt. Die Beihilfen für Haus, Auto und Freizeitaktivitäten hatte ich nicht mit eingerechnet, und Renten- und Krankenversicherungsbeiträge auch nicht.»

Seit wie vielen Jahren hören wir nun von selbsternannten Propheten, daß eine weltweite Erweckung unmittelbar bevorstehe! Wenn die Erweckung dann ausbleibt, lassen sich diese Leute irgend etwas einfallen, um ihre falschen Prophezeiungen herunterzuspielen. Noch vor kurzem «prophezeite» ein international bekannter christlicher Leiter eine solche Erweckung, und er wußte auch ganz genau, in welchem Land der Welt sie ihren Anfang nehmen würde. Nachdem Monat für Monat ins Land gegangen war und auch nicht das kleinste Anzeichen für die Erfüllung dieser Vorhersage eingetreten war, beeilte er sich, darauf hinzuweisen, daß man dies äußerlich gar nicht beurteilen könne. «Doch, doch», so hieß es. «Die Erweckung hat im Herzen einiger besonders hingegebener Christen begonnen, und schon bald werden ihre Auswirkungen auch für andere sichtbar werden.»

Nun, ich verstehe unter Erweckung etwas anderes, und die Kirchengeschichte ebenfalls. Hier hat sich lediglich jemand herausgeredet, um nicht zugeben zu müssen, daß er sich mächtig geirrt hat. Die Entschuldigung erinnert an die Worte der Pharisäer: «Beim Tempel zu schwören gilt nicht, aber beim Gold des Tempels zu schwören, das gilt!»

Die Wahrheit ist meist recht einfach zu erkennen. Wenn jedoch diese Wahrheit mit dem Programm einer mißbräuchlichen Person oder Organisation kollidiert, finden diese Leute für gewöhnlich die richtigen Ausreden, um die Angelegenheit zu verdunkeln. Geistliche Leiter haben die Macht, Wahrheit zu verdrehen, nicht nur aufgrund ihres Amts, sondern auch weil es sich bei ihnen meist um geschulte Redner handelt. Natürlich sollen unsere Pastoren rhetorisch geschult sein, und diese Qualifikation belohnen wir ja auch. Aber wenn sie zum Selbstzweck eingesetzt wird, ist sie ein Instrument des geistlichen Mißbrauchs. Einer meiner Freunde brachte es treffend auf den Punkt: «Ist doch klar», sagte er. «Recht hat, wer das Mikro hat!» Geschulten Worten, vom Podest aus verkündet, ist nur schwer zu widerstehen, selbst wenn nur Unsinn geredet wird.

Wie sagte «Großmama Sophie» in meiner Lieblings-Seifenoper neulich so treffend zu ihrem pfiffigen Enkel Allen? «Junge, je älter du wirst, desto bessere Ausreden erfindest du, wenn du Mist gebaut hast!»[8]

Auf unsere Situation übertragen: Je geschulter wir in der Kunst der Kommunikation werden, um so leichter fällt es uns, das Falsche zu tun und es trotzdem wortreich als das Richtige darzustellen.

Keine «grauen Mäuse»

Ich bin fest davon überzeugt, daß diejenigen, die ihre Frömmigkeit zur Schau stellen und ihre Macht an die große Glocke hängen, dies nur tun, weil sie unsichere Menschen sind. Wer genügend Selbstvertrauen besitzt, hat es nicht nötig, Eindruck zu schinden, und braucht auch keine wortreichen Ausreden zu erfinden, um seine Fehler zu vertuschen. Wenn Jesus also sagt: «Der Größte unter euch soll euer Diener sein» (Mt 23,11), so will er uns damit nicht das Selbstvertrauen nehmen. Jesus ist nicht auf der Suche nach «grauen Mäusen», die vor lauter Demut und Selbsterniedrigung wie gelähmt sind. Nein, er zeigt uns hier ganz einfach, wie ein sicherer und in Gott ruhender Leiter aussehen und sich verhalten kann.

Ein christlicher Leiter darf durchaus eine hohe Meinung von sich haben. Aber er wird seine positive Selbsteinschätzung dazu benutzen, um seinen Mitmenschen immer besser dienen zu können. So beruhte ja auch der Wunsch Jesu, unser aller Diener zu werden, auf seiner Selbsteinschätzung, der Sohn Gottes zu sein.

> «[Als] Jesus aber wußte, daß ihm der Vater alles in seine Hände gegeben hatte und daß er von Gott gekommen war und zu Gott ging, da stand er vom Mahl auf, legte sein Obergewand ab und nahm einen Schurz und umgürtete sich. Danach goß er Wasser in ein Becken, fing an, den Jüngern die Füße zu waschen, und trocknete sie mit dem Schurz, mit dem er umgürtet war» (Joh 13,3–5).

Wenn wir so werden wollen wie Jesus, dürfen auch wir ehrgeizig sein, und auch wir dürfen den Erfolg suchen. Doch dieser Erfolg wird nicht daran gemessen werden, wie viele Leute uns unterstehen, sondern daran, wie vielen Menschen wir von Herzen dienen. Anderen die Füße waschen und selbst auf einem Podest stehen, verträgt sich nämlich nicht.

Die wahre Religion entscheidet sich an der Frage, ob sie dem Menschen Flügel verleiht oder ihm Steine um den Hals hängt. Hilft die Religion dem Menschen, oder verfolgt sie ihn? Trägt sie ihn, oder muß er sie tragen? ... Die Pharisäer glaubten, daß der Mensch, um Gottes Willen zu erfüllen, Tausende ihrer kleinlichen Gebote und Vorschriften einhalten mußte. Nichts ist weiter von Gott und dem Grundgedanken seines Reiches entfernt: der Liebe.

William Barclay

Weh euch, Schriftgelehrte und Pharisäer, ihr Heuchler, die ihr das Himmelreich zuschließt vor den Menschen! Ihr geht nicht hinein, und die hinein wollen, laßt ihr nicht hineingehen ... Weh euch, Schriftgelehrte und Pharisäer, ihr Heuchler, die ihr den Zehnten gebt von Minze, Dill und Kümmel und laßt das Wichtigste im Gesetz beiseite, nämlich das Recht, die Barmherzigkeit und den Glauben! Doch dies sollte man tun und jenes nicht lassen. Ihr verblendeten Führer, die ihr Mücken aussiebt, aber Kamele veschluckt.

Jesus Christus (Mt 23,13.23–24)

Kapitel 6

Wenn aus Mücken Kamele werden

In der Gemeinde, zu der ich noch vor einigen Jahren gehörte, hatte man einen neuen, noch recht jungen Pastor angestellt. Er war verheiratet, hatte drei Kinder und war bereits mit seiner ganzen Familie in unsere Stadt gezogen. Mit dem Presbyterium hatte er sich auf ein Jahresgehalt geeinigt, das dann allerdings hinten und vorne nicht reichte. Was tun? Bei der nächsten Presbyteriumssitzung bat der junge Mann den Vorsitzenden, doch bitte das Thema «Gehalt» zum Tagesordnungspunkt zu machen. Nach einem einleitenden Gebet nannte der Vorsitzende dieses Anliegen auch gleich als erstes.

Nachdem der Pastor kurz dargelegt hatte, daß seine Familie mit dem zugesagten Gehalt unmöglich über die Runden kommen könne, stellte der Vorsitzende den Antrag, diese Frage dem Finanzausschuß zu übergeben – wohl wissend, daß dieser erst in neun Monaten zusammentreten würde. Dem Antrag wurde ohne eine einzige Gegenstimme zugestimmt, und man ging zum nächsten Tagesordnungspunkt über. Alles in allem hatte das Thema «Gehalt des neuen Pfarrers» genau sechs Minuten in Anspruch genommen.

Der nächste Punkt wurde zweieinhalb Stunden lang behandelt. Es ging um ein neues Sicherheitssystem für die teuren elektronischen Geräte der Gemeinde. Es gab nämlich eine ganze Reihe von Büromaschinen, die ungenügend gegen Diebstahl gesichert waren. Der Vorsitzende stellte deshalb den Antrag, daß die Gemeinde die nötige Summe (mehrere tausend Dollar) aufbringen sollte, um die Gerätschaften adäquat vor Einbruch und Diebstahl zu sichern. Das Geld wurde noch in derselben Sitzung bewilligt.

In dieser Versammlung war die Not eines neuen Pastors und seiner Familie mit Füßen getreten worden. Später mußte er sogar gehen. Aber wenigstens waren Faxgerät und Kopierer sicher!

Diese Karikatur dessen, was die Bibel unter «Gerechtigkeit» versteht, ist ein klassisches Beispiel dafür, was passiert, wenn Wichtiges unwichtig wird. Um mit Johnson und Van Vonderen zu sprechen: «In einem System geistlichen Mißbrauchs wird das Nebensächliche zur Hauptsache; das Lebenswichtige wird zur Trivialität, und die dringenden Bedürfnisse der Mitglieder werden zugunsten von Tagesordnungen vernachlässigt.»[1]

Das Beispiel zeigt andererseits auch, daß es nicht immer die Vollzeiter sind, die geistlichen Mißbrauch ausüben. Genauso sind nicht nur die Laien in der Gemeinde die Opfer. Es kommt eben immer darauf an, wer gerade die Macht in Händen hält. In den meisten Gemeinden sind dies die Pastoren und/oder Ältesten. In einigen «kongregationalistisch» orientierten Brüdergemeinden sind es hingegen die Laien, in deren Macht es dann liegt, den von ihnen eingestellten Pastor geistlich zu mißbrauchen.

Worauf es wirklich ankommt

Zur Zeit Jesu bestand die geistliche Oberschicht aus den Pharisäern. Ein Kennzeichen dieser Gruppe war ihre Beschäftigung mit Nebensächlichkeiten und ihre Vernachlässigung der biblischen Gerechtigkeit. Jesus stellt die Pharisäer zur Rede, indem er ihnen vorwirft, sie «verzehnteten» sogar die Gartenkräuter – Minze, Dill und Kümmel –, vernachlässigten jedoch Glaube, Recht und Gnade (vgl. Mt 23,23). Das «Verzehnten» – das heißt, die Forderung, von allen Einkünften den zehnten Teil zu spenden – war (und ist, wie ich finde) eine gute Sache. Jesus selbst sagt den Pharisäern, daß sie dies weiterhin tun sollen. Der Zehnte war schließlich von Gott selbst eingesetzt worden (3. Mose 27,30–33) und stand unter seinem besonderen Segen (Mal 3,6–12). Dennoch ist das Geben des Zehnten für die Bibel von eher untergeordneter Bedeutung. Gerechtigkeit und Gnade hingegen finden sich auf fast jeder ihrer Seiten.

Es gab und gibt Pharisäer, die einerseits Wert legen auf die peinlich genaue Einhaltung religiöser Vorschriften, andererseits jedoch Frau und Kinder schlagen und hartherzig gegenüber den Armen und Ausgestoßenen sind. Auch heute noch gibt es in christlichen Gemeinden Menschen, die stets adrett gekleidet sind, viel Geld für das Reich Gottes spenden, treue Beter und gute Bibelkenner sind und doch das eigentlich Wichtige nicht verstanden haben.

Ich denke dabei an so manche «hingegebene» Mitarbeiterin, die sich in der Kindergottesdienst- oder Sonntagsschularbeit abrackert, treu zur Bibelstunde geht und kaum eine Gemeindeveranstaltung ausläßt – und dabei gar nicht merkt, daß ihr Mann sie auch gerne einmal für sich hätte und die Kinder sich abends nach der Mutter sehnen. Hier wird Wichtiges und Unwichtiges vollständig verwechselt.

Mücken im Wein, Sand im Getriebe

Mißbraucher im geistlichen Amt zeichnen sich dadurch aus, daß sie die biblischen Werte auf den Kopf stellen. Im Unwichtigen zeigen sie keine Kompromißbereitschaft; für das Wichtige jedoch haben sie völlig den Blick verloren. Jesus sagte zu diesem Thema sehr treffend: «Mücken siebt ihr aus, Kamele aber verschluckt ihr!» (vgl. Mt 23,24).

Für den strenggläubigen Juden waren sowohl Mücken als auch Kamele unreine Tiere (3. Mose 11,4.42). Um zu verhindern, daß beim Weingenuß eine Mücke in den Mund geriet, benutzten die Pharisäer ein Sieb. Wenn sie keins hatten, sogen sie den Wein durch die Zähne ein und entfernten dann die Kleintiere, die sich dort verfangen hatten, mit den Händen. Und nun kam Jesus und machte diesen gewissenhaften Leuten den Vorwurf, daß sie zwar kleinste Dreckpartikelchen ausfilterten, aber dabei gar nicht merkten, daß sie eine Tonne Unrat (ganze Kamele einschließlich Hufe und Höcker) verschluckten. Wir sehen, wie drastisch Jesus einen christlichen Leiter charakterisiert, der den Sinn für die wirklichen Proportionen verloren hat.

Vor einiger Zeit war ich anläßlich einer Tagung mit einigen anderen Pastoren zusammen in einer größeren Stadt. Nach den Vorträgen gingen wir mit dem Pastor der Gemeinde, die für die Konferenz verantwortlich war, zum Abendessen in ein Restaurant.

Als der Mann zum Essen eine Flasche Wein bestellte, freute ich mich darüber und trank zwei Gläser mit. Nach unserer Rückkehr verbreitete daraufhin ein anderer Pastor in unserer Stadt das Gerücht, ich hätte «ein Alkoholproblem». Wenige Monate später stellte sich heraus, daß dieser Pastor seine Frau betrog und seit drei Jahren eine Freundin hatte: Mücken und Kamele!

Ein anderer Pfarrer, den ich kenne, war berüchtigt dafür, daß er eine regelrechte «Kleiderordnung» im Gottesdienst eingeführt hatte. Jeden Sonntag mußten die Roben der Chormitglieder frisch gebügelt sein, und wer nicht in schwarzem Anzug und schwarzer Krawatte erschien, durfte nicht das Abendmahl austeilen. Außerdem mußte jeder Gastredner unter dem Talar ein weißes Hemd und eine schwarze Krawatte tragen. Dieser «korrekte» Pastor war, wie sich später herausstellte, homosexuell und mit dem AIDS-Virus infiziert.

Ein dritter Pastor aus meinem Bekanntenkreis betonte immer wieder (mir gegenüber wenigstens dreimal!), daß er niemals Briefumschläge aus dem Gemeindebüro für seine persönliche Post benutze. Auch das Porto für die Privatbriefe würde er stets selbst bezahlen.

Aber was tat er statt dessen? Er ließ hin und wieder ein paar Scheinchen aus der Kollekte mitgehen, denn das Geld wurde in der Zeit zwischen Morgen- und Abendgottesdienst in seinem Büro aufbewahrt: ein weiterer Fall von «Mücken aussieben und Kamele verschlucken».

Fast alle Streitgespräche, zu denen Jesus von den Pharisäern herausgefordert wurde, drehten sich um nebensächliche Angelegenheiten. Man diskutierte mit ihm über das Thema Fasten (Mk 2,18), über die Einhaltung des Sabbats (Mk 2,24), das Essen mit ungewaschenen Händen (Mk 7,1–5), die Tischgemeinschaft mit Sündern (Mt 9,11), die Frage der Steuergerechtigkeit (Mk 12,13–15) und so weiter und so fort.

Die Pharisäer machten das Unwichtige zum Diskussionsthema, weil sie – wie wir bereits sahen – das religiöse «Protokoll» (Programm) über alles liebten. Jesus dagegen ging es darum, wie sich das herannahende Reich Gottes im täglichen Leben der Menschen auswirkte.

Die Pharisäer waren wütend darüber, daß Jesus am Sabbat Menschen gesund machte. Mag sein, daß ein orthodoxes Verständnis der alttestamentlichen Schriften ihnen hierin recht gab. Doch Vorschriften waren für Jesus nebensächlich, wenn es um die dringende Not eines Menschen ging. Auch ohne eine spezifische Erlaubnis des Alten Testaments vorlegen zu können, heilte er die Kranken und Besessenen, ob Feiertag war oder nicht.

Sobald sich das Hauptaugenmerk einer christlichen Gemeinschaft von den Nöten des einzelnen abwendet, hin zur Einhaltung eines geistlichen «Protokolls» (oder Programms), ist die Gefahr des geistlichen Mißbrauchs unmittelbar gegeben. Menschen und deren Bedürfnisse standen für Jesus immer im Mittelpunkt. Ob dies nun «religiös korrekt» war, interessierte ihn weniger.

Pharisäer hingegen beißen sich an Kleinigkeiten fest. Sich selbst und ihren Mitmenschen bürden sie eine Vielzahl von Lasten und Vorschriften auf. Die Lehre Jesu dagegen ist viel allgemeiner. Es geht ihm nicht um sein System oder einen Vorschriftenkatalog, so wie ihn Mose, Buddha oder Mohammed hinterlassen haben.

Auch äußert sich Jesus kaum zu gesellschaftspolitischen und moralischen Fragen. Er sagt nichts zum Thema Politik, zur Beziehung zwischen den Geschlechtern oder zum Verhältnis der Staaten untereinander. Er läßt uns in diesen Bereichen eine gehörige Portion Freiraum. Anders als die Pharisäer möchte er seinen Nachfolgern nicht in kasuistischer Weise vorschreiben, was jeweils wann zu tun ist. Ihm ging und geht es darum, daß im Reich Gottes die Hauptsache die Hauptsache bleibt.

Die Tür zum Reich Gottes

Wie diese Hauptsache für Jesus aussieht, zeigt sich in seinem Streit mit den Pharisäern. In Matthäus 23 macht er ihnen keinen geringeren Vorwurf als den, daß sie den Menschen das Reich Gottes vorenthalten: «Weh euch, Schriftgelehrte und Pharisäer, ihr Heuchler, die ihr das Himmelreich zuschließt vor den Menschen! Ihr geht nicht hinein, und die hinein wollen, laßt ihr nicht hineingehen» (Mt 23,13).

Jesus trifft mit dieser Anklage mitten ins Schwarze. Sie zeigt deutlich – deutlicher noch als seine anderen Vorwürfe an die Adresse der Pharisäer –, wie sehr diese religiöse Gruppierung das, worum es im Reich Gottes eigentlich geht, mißverstanden hatte. Und sie richtet sich damals wie heute an christliche Leiter, die Gottes Absichten fehlinterpretieren und die Hauptsache zur Nebensache machen. Ich kann mir keinen gravierenderen Vorwurf vorstellen.

Inwiefern verschlossen die Pharisäer ihren Mitmenschen die Türen zum Reich Gottes? Zunächst einmal würden wir Jesus mißverstehen, wenn wir annähmen, daß er den Pharisäern eine wissentliche Heuchelei vorwirft. Die Pharisäer waren zwar Heuchler, aber daß sie dies mit Absicht taten, wird nicht gesagt (wenn es auch unter ihnen, wie in allen religiösen Gruppierungen, schwarze Schafe gab, die in böser Absicht heuchelten).

Im großen und ganzen jedoch verhielten sich die Pharisäer so, wie sich die religiöse Oberschicht aller Zeiten verhielt und noch verhält: Sie ist davon überzeugt, recht zu haben und Gott ernsthafter zu dienen als der Durchschnitt ihrer Mitmenschen. Und trotzdem macht Jesus den Pharisäern den Vorwurf, dem Feind in die Hände zu arbeiten.

Sie hielten das Volk Israel davon ab, ins Reich Gottes zu gelangen, indem sie es gegen seinen König aufbrachten. «Es war die religiöse Oberschicht der Pharisäer, die Israel vom Glauben an Jesus abbrachte und dem Volk auf diese Weise das himmlische Königreich, das in Jesus angebrochen war, vorenthielt.»[2] Hierin bestand die Sünde wider den Heiligen Geist, die nicht vergeben werden kann (Mt 12,22–32).

Die Pharisäer wollten nicht mit Jesus und seinen Nachfolgern identifiziert werden, und sie gaben sich redlich Mühe, sämtliche Menschen, die ihn hören wollten, davon abzuhalten. Sie wollten ihre Stellung als Türhüter des Reiches Gottes (d. h. als diejenigen, die zu bestimmen hatten, wer hineindurfte und wer nicht) nicht aufgeben, und da Jesus von sich selbst behauptete, der Türhüter zu sein («Ich bin die Tür zu den Schafen», Joh 10,7), ist es folgerichtig, daß die Pharisäer gegen ihn waren.

Hinzu kam, daß Jesus sich nicht nur als der neue Türhüter bezeichnete, sondern auch die Voraussetzungen zum Eingang durch die Tür neu definierte: Alle waren herzlich willkommen; die Sünder ganz besonders (Mk 2,17)!

In Lukas 17,20–21 stellen die Pharisäer Jesus die Frage, wann das Reich Gottes anbricht, und er gibt ihnen zur Antwort: «Das Reich Gottes ist mitten unter euch!» Mit anderen Worten: «Das Reich Gottes ist schon angebrochen, und ihr, die ihr die Nebensache zur Hauptsache gemacht habt, merkt es noch nicht einmal!»

Noch tragischer ist es, daß die Pharisäer nicht nur den Anbruch des Gottesreiches verpaßt hatten, sondern sich zusätzlich auch noch darum bemühten, daß auch andere ihn verpaßten. Lukas 11,52 (als Parallelstelle zu Matthäus 23,13) macht dies deutlich: «Weh euch Schriftgelehrten! Denn ihr habt den Schlüssel der Erkenntnis weggenommen. Ihr selbst seid nicht hineingegangen und habt auch denen gewehrt, die hinein wollten.»

Nur der Gnade Gottes ist es zu verdanken, daß die Pharisäer mit dieser Absicht keinen Erfolg hatten. Denn bei einer anderen Gelegenheit sagte Jesus: «Die Zöllner und Huren kommen eher ins Reich Gottes als ihr» (Mt 21,31).

George Eldon Ladd definiert das «Reich Gottes» als «Begriff, der all das umfaßt, was mit der Erlösung durch den Messias zusammenhängt»[3], das heißt: Vergebung, Heilung, Befreiung, soziale Gerechtigkeit und vieles mehr. Wer einen dieser Teilaspekte der messianischen Erlösung bestreitet, verschließt einen Spalt weit die Tür zum Reich Gottes.[4]

Eine zweite Art und Weise, wie die Pharisäer den Menschen den Eingang ins Reich Gottes versperrten, bestand in ihrer Fehlinterpretation der Aufgabe des Gesetzes. Statt das Gesetz als Gottes befreiendes Geschenk an eine gefallene Menschheit in einem gefallenen Universum zu definieren (so wie es das Alte Testament tut), verstanden es die Pharisäer als ein Bündel von Vorschriften und Lasten, und wie vielen Menschen wurde durch diese legalistische Auslegung das wahre Reich Gottes verdunkelt!

Drittens schlossen die Pharisäer ihre Mitmenschen vom Reich Gottes aus (und dieser Aspekt hat weitreichende Bedeutung für unsere heutige Zeit), indem sie ihnen vorgaukelten, die «Mitgliedschaft» in diesem Reich koste etwas.

Um es ganz klar zu sagen: Das Reich Gottes, das durch Christus in unserem Leben angebrochen ist, kostet keinen Pfennig!

Gott handelt mit uns einzig und allein auf der Grundlage seiner Barmherzigkeit und Gnade. Er weigert sich, uns irgend etwas zu verkaufen. Durch seinen vollkommenen Gehorsam und seinen stellvertretenden Tod am Kreuz von Golgatha hat er uns ein für allemal den Zugang zu seinem Reich gesichert. Dieses Heil können wir völlig umsonst bekommen; und wer es nicht umsonst haben will, bekommt es überhaupt nicht!

Doch die Pharisäer (damalige wie heutige) wollten für ihre Erlösung arbeiten und verfehlten sie gerade deshalb. Und wenn ein Pharisäer seinen Mitmenschen einredet, sie müßten dafür arbeiten, enthält er auch ihnen die Errettung vor. So sagt Jesus: «Ihr Heuchler, die ihr Land und Meer durchzieht, damit ihr einen Judengenossen gewinnt; und wenn er's geworden ist, macht ihr aus ihm ein Kind der Hölle, doppelt so schlimm wie ihr» (Mt 23,15).

Derartige Mißbraucher im Amt sind «blinde Blindenführer», denen wir weder vertrauen noch folgen sollten. Unwichtiges wichtig nehmen und Wichtiges zur Nebensache erklären: das kann tödlich enden, und zwar nicht nur für Leiter, sondern auch für ihre Nachfolger.

Wie reagieren?

Dies bringt uns zu der wichtigsten und am schwierigsten zu beantwortenden Frage unseres Themas überhaupt: Wie sollen wir uns verhalten, wenn wir tatsächlich den Eindruck gewonnen haben, daß wir uns unter den «Fittichen» eines mißbrauchenden Leiters im geistlichen Amt befinden? Die Antwort auf diese Frage kann nur differenziert ausfallen. Einige Christen, deren Urteilsvermögen aufgrund geistlicher Unreife oder früherer seelischer Verletzungen eingeschränkt ist, werden das sinkende Schiff zu schnell verlassen. Andere werden sich fälschlicherweise einreden, Gott verlange von ihnen, ihren Leitern weiterhin untertan zu sein, und werden aus Angst, den Segen Gottes zu verlieren, in einer Gemeinde bleiben, die sie besser heute als morgen verlassen würden. Zwischen diesen Extremen liegt ein gesunder Mittelweg, den wir in aller Weisheit herauszufinden versuchen müssen.

Zunächst ist festzuhalten, daß nach Matthäus 18 jedes Gemeindeglied, das den Eindruck hat, ein Pastor handle geistlich mißbräuchlich, die Pflicht hat, diesen auf seine Sünde hinzuweisen. Soweit möglich, kann dann ein Gemeindezuchtverfahren eingeleitet werden. (Was das bedeutet und wie dies konkret aussehen kann, werden wir im zehnten Kapitel, «Heilsame Gemeindezucht», untersuchen.)

Es kann durchaus die Aufgabe von reifen Christen sein, in einer Situation des geistlichen Mißbrauchs auszuharren. Wer es als seine Berufung ansieht, sollte treu für den Pastor beten und abwarten, bis er sein Fehlverhalten einsieht und bereut oder die Gemeinde freiwillig verläßt. Die Ansicht: «Ich habe zuviel in diese Gemeinde investiert, als daß ich es tatenlos zulassen könnte, daß ein blinder Blindenführer sie zerstört» hat sicher auch ihre Berechtigung.

Neulich erzählte mir ein Bekannter, daß er eine Kirchengemeinde kenne, die unter dem Einfluß eines geistlichen Mißbrauchers auf ganze acht Mitglieder geschrumpft war. Bei zweien davon handelte es sich um einen Mann und seine Frau, die treu für eine geistliche Erneuerung des betreffenden Priesters beteten. Als die kleine Kirchengemeinde dann schließlich die Formalitäten für die Auflösung in die Wege leiten wollte, erlebte der Mann eine «Erneuerung durch den Heiligen Geist», wie er sich ausdrückte. Diese Erfahrung veränderte seine gesamte Einstellung und als Folge davon auch das Leben der Gemeinde. Inzwischen ist die Gemeinde beträchtlich gewachsen und zu einer Art «Vorzeigegemeinde» der betreffenden Konfession geworden. Das Ehepaar, das ausgeharrt hatte, war offensichtlich von Gott zu diesem Dienst berufen worden, und solche Berufungen sollten in jedem Fall ernst genommen werden.

Auch sollten wir uns immer vor Augen halten, daß sich Mißbrauch, sei er nun geistlicher oder anderer Natur, gleichsam auf einer Skala abspielt. In gewisser Weise machen sich alle Kirchen und Gemeinden (eigentlich alle Menschen überhaupt) des Mißbrauchs schuldig. Alle gesellschaftlichen Institutionen bestehen aus Menschen, die Teil einer gefallenen und sündigen Menschheit sind. Wir mißbrauchen unsere Mitmenschen, indem wir sie vernachlässigen oder manipulieren. Niemand von uns verhält sich immer liebevoll gegenüber seinem Nächsten. Wenn wir aber herausfinden wollen, ob jemand wirklich andere mißbraucht und was wir dagegen unternehmen können, müssen wir zunächst einmal differenzieren. Einige geringfügigere Formen des Mißbrauchs dürfen wir getrost übersehen, auf mittlere Formen sollten wir hinweisen und den Tätern vergeben, und nur in schweren Fällen sollten wir uns der Situation entziehen.

Wenn mich ein Bekannter mit einer unbedachten Bemerkung verletzt, sollte ich darüber hinwegsehen, besonders wenn er ansonsten nett zu mir ist. Wenn ich – um auf der Skala weiter nach oben zu gehen – meine Kinder anschreie und meine Frau vernachlässige, hat meine Familie die Pflicht, mich darauf hinzuweisen und eine Änderung meines Verhaltens zu fordern. Und wenn jemand (am obersten Ende der Skala angelangt) seine Frau verprügelt und seine Tochter vergewaltigt, bleibt nur eines: gegen den Mann Anzeige erstatten, die Koffer packen und ausziehen.

Es gibt Formen von Mißbrauch, die den Namen eigentlich nicht verdient haben. «Mißbrauch» ist ein derart emotionsgeladener Begriff, daß wir vorsichtig damit umgehen sollten. Wer sagt: «Ich wurde von meinem Vater mißbraucht, weil er mich einmal ungerechtfertigt geschlagen hat», entleert den Begriff völlig.

Auch im Hinblick auf unsere Kirchengemeinde sollten wir uns vor allzu hohen Ansprüchen hüten. Vielleicht übt der Pfarrer einmal im Jahr ein wenig Druck auf seine Gemeinde aus, weil er zur Deckung des Budgets noch ein paar Spenden benötigt. Sicher ist dies nicht richtig und spricht für eine Unsicherheit und einen gewissen Unglauben auf Seiten des Pfarrers, aber so etwas «geistlichen Mißbrauch» zu nennen, ist maßlos übertrieben. Wenn jede Sünde gleich mit diesem Begriff belegt wird, verliert er seine Bedeutung. Geringfügige Manipulation am untersten Ende der Skala sollte mit Gott im Gebet besprochen – und kann dann vergessen werden.

Bewegen wir uns auf der Skala weiter nach oben, so ist es unsere Pflicht, einen Menschen, der fortwährend heuchelt, auf sein inkonsequentes Verhalten hinzuweisen. Wir alle leben nicht immer das, was wir glauben; und da wir uns selbst gegenüber oft zu nachsichtig sind, brauchen wir jemanden, der uns auf unsere Schuld hinweist. Wenn ich als Pastor zwar predige: «Bei Gott gibt es kein Ansehen der Person, und wir sind alle gleich», gleichzeitig aber diejenigen bevorzuge, die besonders gute Mitarbeiter sind oder irgendwie meinem Ego schmeicheln, mache ich mich schuldig. Meine Mitchristen haben dann die Pflicht, mich auf diese Schuld hinzuweisen, und ich muß sie bekennen und mein Verhalten ändern.

Im oberen Drittel schließlich finden wir christliche Organisationen, die als in hohem Maße fehlgeleitet bezeichnet werden können. Diese Gruppen halten sich zwar «im Prinzip» an eine konservative, evangelikale Theologie, manipulieren ihre Mitglieder jedoch derart, daß diese keine selbständigen Entscheidungen mehr treffen können. Ron Enroth befaßt sich in seinem Werk «Churches That Abuse» («Kirchen, die mißbrauchen») mit diesen Gruppen.

Sollten Sie einer solchen Organisation angehören, rate ich Ihnen, diese lieber heute als morgen zu verlassen. Diese Gruppen und Gemeinden verschließen sich jeder Art von Kritik. Sie haben ein derart ausgefeiltes Verdrängungssystem entwickelt, daß Sie persönlich nur Schaden nähmen, wenn Sie die Verantwortlichen auf ihren geistlichen Mißbrauch hinwiesen.

Also: Wenn der Mißbrauch geringfügig ist, sollten wir ihn übersehen. Ist er deutlich ausgeprägt, sollten wir den Mißbraucher auf seine Schuld hinweisen. Ist der Mißbrauch dauerhaft, systematisch und gegen Kritik und Korrektur von außen immun, sollten wir die mißbrauchenden Menschen oder Organisationen schnellstens verlassen.

Schwarzweißmalerei hilft in bezug auf geistlichen Mißbrauch nicht. Meist findet diese Art von Mißbrauch in einer Grauzone (um im Bild zu bleiben: im mittleren Bereich der Skala) statt, und die geforderte Differenzierung ist sehr schwierig. Wer zu perfektionistisch ist, wird von Gemeinde zu Gemeinde irren und sich nirgendwo richtig niederlassen, weil er überall eine gewisse Form des Mißbrauchs erkennt. Nebensächliches zur Hauptsache zu machen, ist in diesem Sinne nicht nur für geistliche Mißbraucher, sondern auch für Gemeindemitglieder eine Gefahr.

Gelegentlich kommt es vor, daß in einer Kirche oder einer Gemeinde, der geistlicher Mißbrauch an sich fremd ist, ein Leiter Fuß faßt, der geistlichen Mißbrauch betreibt. Wenn uns ein solcher Mensch unter Druck setzt, brauchen wir deshalb nicht gleich die ganze Gruppe zu verlassen. Auch Pastoren, die in ein System geistlichen Mißbrauchs geraten sind und Schwierigkeiten dabei haben, es zu ändern, sollten auf unsere Unterstützung zählen können.

Wer nicht von Situation zu Situation neu prüft, tappt in die Falle des Perfektionismus und macht mit seinen hohen Anforderungen jedem Leiter das Leben schwer. Denn wer seinen Leitern die nötige Barmherzigkeit vorenthält, wird selbst zum Mißbraucher.

Den Absprung nicht schaffen

Ich persönlich habe allerdings, nach mehr als zwei Jahrzehnten geistlicher Leiterschaft (sowohl in einer Kirchengemeinde als auch auf dem Missionsfeld), die Erfahrung gemacht, daß die meisten Opfer geistlichen Mißbrauchs nicht zu früh gehen, sondern zu lange bleiben. Anders ausgedrückt: Sie schaffen den Absprung nicht. Wieso und weshalb, wird im einzelnen in dem folgenden Kapitel: «Was treibt Menschen in den Mißbrauch?» zu besprechen sein. Doch schon an dieser Stelle sei darauf hingewiesen, daß die subtile und paradoxe Natur des geistlichen Mißbrauchs es oft sehr schwierig macht, einer solchen Situation zu entfliehen.

Oft ziehen geistliche Mißbraucher deshalb so viele Menschen in ihren Bann, weil sie in gewisser Weise attraktiv sind. Das Anziehende an ihnen besteht darin, daß es sich um Menschen handelt, die Gott sehr hingegeben dienen und denen viel daran liegt, Jünger Christi zur geistlichen Reife zu führen. Es mag sogar sein, daß diesen Menschen nichts ferner liegt als die Absicht, andere Menschen zu mißbrauchen. Ich kenne mehrere Pastoren, die in meinen Augen die Schwelle zum geistlichen Mißbrauch signifikant überschritten haben, und ich kenne sie gut genug, um zu wissen, daß sie dies nicht in böser Absicht getan haben. Auch die Mitglieder der Gemeinden, denen sie vorstehen, erkennen dies, und sie nehmen diese Erkenntnis zum Vorwand, um in der Gemeinde zu bleiben und sich dem Mißbrauch weiterhin auszusetzen. Wir sollten uns jedoch darüber im klaren sein, daß die Ernsthaftigkeit und die guten Absichten eines Leiters keine Entschuldigung dafür sein können, daß er andere Menschen geistlich mißbraucht. Auch die Pharisäer waren ernsthafte Leute. Sie liebten Gott und sein Wort. Sie verehrten den Namen des Herrn und waren mit Sicherheit davon überzeugt, Gott zu gefallen, indem sie ihre Mitmenschen von ihren Ansichten zu überzeugen versuchten. Doch nicht nur durch die Taten eines Sadisten kann ein Mensch seelischen Schaden davontragen, sondern auch durch die eines Vaters, der in bester Absicht handelte.

Es gibt im Westen der Vereinigten Staaten eine Straßenmission, die unter Drogensüchtigen, Alkoholikern und Prostituierten (männlichen wie weiblichen) arbeitet. Die Theologie, welche die Leiter dieser Organisation vertreten, ist konservativ evangelikal. Die Menschen, die sich bekehrt haben, werden seelsorgerlich beraten, und es wird versucht, ihnen auch praktisch zu helfen, zum Beispiel, wenn sie eine Wohnung oder eine Stelle suchen. Das alles klingt schön und gut, wird aber um den Preis erkauft, daß die von dieser Straßenmission erreichten Neubekehrten ihre persönliche Gewissens- und Entscheidungsfreiheit aufgeben müssen (jedenfalls dann, wenn sie die finanziellen Mittel der Mission in Anspruch nehmen wollen). Die Kontrolle, welche die Leiter über das Leben der einzelnen ausüben, ist fast unbeschränkt. Sie diktieren, was die Leute denken dürfen und was nicht, wie sie sich kleiden sollen, wo sie zu wohnen haben und wen sie heiraten dürfen.

Auf diesen Psychoterror hin angesprochen, erklärten die Verantwortlichen, sie täten dies aus Liebe und in bester Absicht. «Leute, die auf der Straße waren», so wurde argumentiert, «haben nun einmal keine Selbstdisziplin. Deshalb müssen sie sich erst mal nach unseren Vorgaben richten.» Hier werden also (so wohlmeinend die Leute, die unter den Ausgestoßenen unserer Gesellschaft arbeiten, auch sein mögen) schwache Menschen zu neuen Opfern gemacht – und diesmal auf Dauer.

Auch wohlmeinende Mißbraucher müssen zur Rede gestellt werden. Wenn möglich, sollten wir versuchen, ihrem Tun ein Ende zu bereiten. Allerdings sollten wir damit rechnen, daß sich solche Menschen taub stellen. Es ist schon merkwürdig, wie sehr manche geistliche Diktatoren unter einem fehlenden Unrechtsbewußtsein leiden. Sie handeln grausam und merken es nicht einmal. Meist liegt es nicht in ihrer Absicht, andere zu verletzen. Paradoxerweise meinen sie es gut mit ihren Mitmenschen, und auch das, was sie tun, sieht zunächst gut aus. Denn wer wollte etwas sagen gegen Straßenevangelisation, das Ernstnehmen des Missionsbefehls, Respekt gegenüber Autorität, Gemeindewachstum, Jüngerschaft, geistliche Reife und ausgewogene Finanzen? Doch der gute Zweck heiligt nicht die diktatorischen Mittel. Und es hilft auch nicht weiter, den Mißbrauch zu verharmlosen und nach dem Motto zu argumentieren: «Ich habe doch immer nur versucht, ‹am ersten nach dem Reich Gottes zu trachten›.» Denn in Wahrheit verschließen solche Menschen ihren Mitmenschen die Tür zum Reich Gottes!

Wie paradox geistlicher Mißbrauch in seinem Wesen ist, zeigt sich meist auf der institutionellen Ebene. Es gibt christliche Organisationen, die biblische Ziele verfolgen und gleichzeitig ihre Mitglieder lebensunfähig machen. Und wenn dann in der Satzung einer solchen Gruppe von «Straßeneinsätzen», «Evangelisation» und «Außenmission» die Rede ist, kann dies (je nachdem, auf welche Weise man versucht, solche Ziele zu erreichen) auch heißen, daß die eigenen Leute nicht menschenwürdig behandelt werden. Und es gibt viele dieser Organisationen, die bis heute überlebt haben. Wie das alte Auto «laufen und laufen» sie, weil sich aufgrund ihrer erhabenen Motive niemand traut, ihre Arbeit zu kritisieren. Die Mitglieder (gerade auch die Opfer unter ihnen) kooperieren weiterhin, auch wenn es weh tut.

Paradox ist auch die innere Einstellung dieser Opfer. Es gibt Väter, die ihre Kinder in bestimmten Situationen grausam mißbrauchen und kurze Zeit später wieder freundlich und humorvoll mit ihnen umgehen. Frauen, die von ihren Männern geschlagen wurden, haben mir berichtet, daß diese Männer hinterher oft reumütig und zuvorkommend waren. Nach schlimmen Erlebnissen halten Momente der scheinbaren Liebe die Opfer gefangen.

Was für Familien und Ehen gilt, gilt für christliche Gruppen nicht weniger. Nach einem geistlichen Mißbrauch zeigt sich der betreffende Pastor vielleicht derart besorgt und anteilnehmend, daß die Opfer wieder einmal «fünfe gerade» sein lassen. Selbst die schlimmsten Diktatoren im geistlichen Amt merken irgendwann, daß die Leute nicht alles mitmachen, und so legen sie hin und wieder (ob aus Schuldgefühl oder Berechnung, sei dahingestellt) ein paar freundliche Episoden ein. Psychologen würden in diesem Zusammenhang sicher von «intermittierender (also zeitweiliger) Verstärkung» reden.

Wenn wir deshalb das Ausmaß geistlichen Mißbrauchs in

einer christlichen Gruppe beurteilen wollen, sollten wir nicht auf die Motive des Leiters sehen und uns auch nicht an hoffnungsvolle Momente halten, in denen er ausnahmsweise einmal freundlich ist. Wir sollten ihn einzig und allein nach den Früchten seiner Arbeit beurteilen!

Wenn christliche Leiter in fortgesetzter Weise ihre Autorität auf ein Amts- statt ein Dienstverständnis gründen, wenn sie auf Anerkennung bei den Mitmenschen aus sind, besondere Titel oder Ehrerweisungen fordern, Sprache zur Verwirrung benutzen, Unwichtiges wichtig nehmen und die Bedürfnisse der ihnen Anvertrauten übersehen, kurz: wenn ihr Verhalten die Menschen knechtet, statt sie in die Freiheit zu führen, dann haben wir die Pflicht, solche Leiter zur Rede zu stellen, Veränderung zu fordern – oder ihren Einflußbereich zu verlassen.

Wie immer wir uns jedoch in unseren Reaktionen auf geistlichen Mißbrauch verhalten und entscheiden; zu *einem* müssen wir unter allen Umständen bereit sein: den Betreffenden ihre Schuld zu vergeben! So hat es uns Jesus vorgemacht. Denn nach all seinen harten Worten über die geistlichen Mißbraucher seiner Zeit sagte der Herr an die Adresse Jerusalems gerichtet: «Jerusalem, Jerusalem, die du tötest die Propheten und steinigst, die zu dir gesandt sind! Wie oft habe ich deine Kinder versammeln wollen, wie eine Henne ihre Küken versammelt unter ihre Flügel; und ihr habt nicht gewollt» (Mt 23,37). Christus vergab auch den Menschen, die ihn mißbraucht haben, und es gibt mehr als einen Hinweis im Neuen Testament darauf, daß wir als seine Nachfolger das Gleiche tun müssen: «Denn wenn ihr den Menschen ihre Verfehlungen vergebt, so wird euch euer himmlischer Vater auch vergeben. Wenn ihr aber den Menschen nicht vergebt, so wird euch euer Vater eure Verfehlungen auch nicht vergeben» (Mt 6,14–15).

Mißbrauch, den wir in der Familie oder Gemeinde erleiden, ist mit Sicherheit nur sehr schwer zu vergeben. Das liegt daran, daß er von jemandem verübt wurde, dessen eigentliche Aufgabe es war, uns zu beschützen. Wir fühlen uns verraten und um so mehr mißbraucht, besonders auch dann, wenn jemand in einer hohen Position unser Vertrauen ausgenutzt hat. Die

Wunden, die ein solcher Mißbrauch hinterläßt, heilen nur sehr schwer. Wenn ein lieber Mensch zu einem Feind geworden ist (den wir dennoch lieben müssen), reicht unsere eigene Kraft und Stärke nicht mehr aus. Es bleibt uns dann nur noch, zu Gott zu fliehen und ihn darum zu bitten, durch den Heiligen Geist in uns das zu bewirken, was wir selbst nicht schaffen. Die Kraft dazu hat er uns versprochen: «Ihr werdet die Kraft des heiligen Geistes empfangen, der auf euch kommen wird, und werdet meine Zeugen sein ...» (Apg 1,8). Wenn wir uns weigern, unseren Feinden zu vergeben, wird die Hölle, in die wir dann gestoßen werden, um ein Vielfaches schlimmer sein als die, in welche uns der Mißbrauch gebracht hat (vgl. hierzu Mt 18,32–35!).

Sollten wir uns entscheiden, zunächst in einer Situation des geistlichen Mißbrauchs zu bleiben, müssen wir alles daran setzen, um eine Veränderung auf Seiten des Mißbrauchers zu erreichen, und gleichzeitig unsere Vergebung anbieten. Gemeinschaft mit Mitchristen, die uns weh getan haben, ist nur möglich, wenn die Täter ihre Schuld einsehen und bereuen. Ohne diesen inneren Reinigungsprozeß ist ein christliches Miteinander nicht möglich. Weigert sich der Täter, seine Schuld zu bereuen, sollen wir dennoch, soweit es an uns liegt, vergeben. Nur so können wir einer «Wurzel der Bitterkeit» in uns vorbeugen, wenn auch die Beziehung zu der betreffenden Person gestört bleiben wird.

Vor einigen Jahren unterrichtete ich an einer Bibelschule, wo ich eines Tages von der Ehefrau eines Kollegen um Hilfe gebeten wurde. Sie erzählte mir, daß ihr Ehemann sie körperlich angegriffen und auch sexuell mißbraucht habe. Sie wollte wissen, wie ich darüber dächte, wenn sie diesen Mann verließe. Ich sagte ihr, wir müßten zunächst versuchen, ihn zu einer Veränderung seines Verhaltens zu bewegen. «Wenn er sich dem verweigert», so erklärte ich ihr, «haben Sie meine volle Unterstützung, wenn Sie ihn verlassen.»

Sie sagte mir dann, sie habe bereits alles in ihrer Macht Stehende getan, um ihren Mann zu einer Änderung zu bewegen. Mit deutlichen Worten habe sie ihm zu verstehen gegeben, daß er sie schwer verletzt habe. «Und wie hat er darauf reagiert?» wollte ich wissen.

Sie antwortete: «Es kümmerte ihn nicht weiter. Er hielt mir vor, es sei doch meine Pflicht als Christin, ihm zu vergeben.»

«Und was haben Sie daraufhin geantwortet?» wollte ich wissen.

Sie sagte: «Ich habe ihm recht gegeben, ihn aber auch darauf hingewiesen, daß er und ich über Probleme reden müßten. Ich sagte ihm, daß er einsehen müsse, was er getan habe, und daß er damit aufhören müsse.»

Wann immer wir uns in einer Situation des Mißbrauchs befinden, müssen wir das Vergehen dem Täter gegenüber zur Sprache bringen. Wenn er sein Verhalten ändert, hat er es offensichtlich bereut. Nur dann ist christliche Gemeinschaft möglich. Wenn er sich nicht ändern will, dürfen wir gehen.

Im folgenden Kapitel nun wird zu untersuchen sein, wer für geistlichen Mißbrauch anfällig ist und warum. Wie kommt es eigentlich, daß Christen, die Leiter sind, zu Mißbrauchern im geistlichen Amt werden, und was treibt die ihnen untergebenen Menschen dazu, sich zu fügen?

Wenn das Selbstbewußtsein eines Menschen angeschlagen ist, wird er sich der Macht zuwenden ... Solche Menschen wollen andere Menschen beherrschen, nur um ihr eigenes Selbstwertgefühl zu heben.

Viktor Frankl

Schädlicher Glaube besteht in einer destruktiven und gefährlichen Abhängigkeit von einem religiösen System, welches der Religion (und nicht etwa der Beziehung zu Gott) erlaubt, einen Menschen vollkommen zu beherrschen.

Stephen Arterburn und Jack Felton

Ihr wißt, daß die Herrscher ihre Völker niederhalten und die Mächtigen ihnen Gewalt antun. So soll es nicht sein unter euch ...

Jesus Christus (Mt 20,25–26)

Kapitel 7

Was treibt Menschen in den Mißbrauch? – Eine kleine Psychologie der Täter und Opfer

In unserer modernen westlichen Gesellschaft gibt es keinen gesellschaftlichen oder gesetzlichen Zwang zur Kirchenmitgliedschaft. Um überhaupt Erfolg haben zu können, sind deshalb geistliche Mißbraucher im Amt auf die «Zusammenarbeit» mit ihren Opfern angewiesen. Wir werden in diesem Kapitel darüber nachdenken, wie es zu erklären ist, daß sich Menschen freiwillig geistlichem Mißbrauch aussetzen. Gleichzeitig werden uns diese Überlegungen Aufschluß darüber verschaffen, warum Menschen zu geistlichen Mißbrauchern werden.

Die «Psychologie der Opfer» ist natürlich ein Thema von immenser Reichweite. Man müßte eigentlich ein separates Buch darüber schreiben. Um die Fragestellung ein wenig einzugrenzen, habe ich mich darauf beschränkt, von meinen eigenen Erfahrungen und Beobachtungen zu berichten. Dies hilft mir dabei, die Diskussion nicht ausufern zu lassen, birgt andererseits aber das Problem in sich, daß es Leser geben wird, die eigene (und andere) Erfahrungen gemacht haben und sich nun darüber wundern, warum ich über einige Punkte so viel und über andere so wenig sage. Vielleicht wird man mir auch vorhalten, daß ich über wichtige Fragen überhaupt nichts sage und unwichtige zu ausführlich behandle. Darum noch einmal zur Klarstellung: Das Folgende ist nicht als erschöpfende Behandlung dieses Themas gedacht. Es geht lediglich um das, was ich erlebt und welche Folgerungen ich daraus gezogen habe.

Die Frage, die ich mir stellte, lautet: «Welche Art von Mensch wird eigentlich von diktatorischen und mißbrauchenden Leitern angezogen?» – Und die Antwort darauf (die auf meinen persönlichen Erfahrungen beruht) lautet: «In der Regel solche, die innerlich – wenn vielleicht auch unbewußt – danach verlangen!» Meist existiert in der persönlichen Biographie dieser Menschen irgend etwas, das sie anfällig für einen diktatorischen und manipulativen Leitungsstil macht.

Karens Geschichte

Die Geschichte einer alleinerziehenden jungen Mutter, die vor einiger Zeit zu unserer Gemeinde stieß, ist ein erschreckendes Beispiel dafür, daß einige Menschen eine innere Disposition mitzubringen scheinen, die sie anfällig macht für geistlichen Mißbrauch. Karen kam zu uns, als sie hoch verschuldet war und gleichzeitig in einer schweren persönlichen Krise steckte. Wir brachten sie in einem Hauskreis mit netten Menschen unter, bezahlten einen Großteil ihrer Schulden und reparierten ihr heruntergekommenes Auto. Sie bedankte sich herzlich dafür, zeigte durch ihr Verhalten aber auch, daß ihr solcherlei Freundlichkeiten äußerst unangenehm waren. Sie konnte offensichtlich keine Liebe annehmen.

Später stellte sich heraus, daß meine Predigten, die stets betonen, daß Gott uns in Christus ohne Vorbedingung annimmt, bei Karen auf Ablehnung stießen. Sie beschwerte sich bei ihrem Hauskreisleiter darüber, daß meine Auslegungen «unausgewogen» seien und nicht «den ganzen Ratschluß Gottes» enthielten. Am folgenden Sonntag fragte sie mich nach dem Gottesdienst am Ausgang zitternd vor Erregung, warum ich so wenig über die Sünde sage. Sie warte schon lange darauf, daß endlich einmal die Themen «Heiligung, Hingabe und Tod des Ichs» angesprochen würden.

Wenn ich mich recht erinnere, versuchte ich ihr zu erklären, daß man schließlich nicht alle Themen in einer einzigen Predigt unterbringen könne. Daraufhin drehte sie sich auf dem Absatz um, marschierte zur Tür hinaus und kehrte nie wieder zurück.

Zufälligerweise suchte Karen seelsorgerliche Beratung bei einem meiner Freunde, und ich bat ihn, sie zu fragen, ob er mir etwas von ihrem familiären Hintergrund erzählen dürfe. Sie gab ihre Zustimmung, und ich erfuhr folgendes:

Karen stammte aus einer Problemfamilie, in der Mißbrauch und Unterdrückung an der Tagesordnung waren. Ihr Vater war Alkoholiker, ihre Mutter eine perfektionistische Tyrannin. Sie stellte unerreichbare Anforderungen an ihre Tochter und bestrafte das Mädchen, wenn es nicht ihren Erwartungen entsprach. Dabei legte sie ein großes Gewicht auf «religiöse Werte», weshalb sie ihre Tochter in eine Gemeinde schickte, die für ihre strengen Moralvorstellungen berüchtigt war. Dort lernte Karen etwas, was in ihr den Grundstein für ihre Anfälligkeit gegenüber geistlichem Mißbrauch legen sollte: Der Pastor und die Gemeindeältesten überzeugten sie nämlich, daß sie sich nur hart genug anstrengen müßte, um auf dem Pfad der christlichen Tugend fortzuschreiten, dann würde sie Gott zu seiner Zeit segnen. Karen, die sich verzweifelt danach sehnte, von Gott angenommen und von der Gemeinde anerkannt zu werden, tat, was sie konnte. Und schon bald wurde sie eine der Treuesten in der Sonntagsschule und sammelte einen Fleißpunkt nach dem anderen.

Doch alle Anstrengungen halfen nicht: Ihre Situation wurde noch schlimmer. Der Vater trank immer mehr, und der Perfektionismus der Mutter entwickelte sich zum reinsten Sadismus. Der Segen blieb aus. Statt nun zu folgern, daß irgend etwas an der Formel: «Wenn du dies und das tust, wird Gott dich segnen» nicht stimmen konnte, suchte Karen den Fehler nicht bei den Leitern, sondern bei sich selbst. Sie dachte: «Ich habe immer noch nicht genug getan und muß mich, um Gottes Anerkennung zu verdienen, noch mehr anstrengen.» Denn dann *müßte* Gott ihr doch eines Tages wohlgesonnen sein!

Hätte sie das Evangelium von der unverdienten Gnade und Annahme durch Christus verstanden, so hätte sich Karen viel Kummer und Herzeleid ersparen können. Sie wäre wohl auch nicht tiefer und tiefer in den geistlichen Mißbrauch geraten. Doch so wie die Dinge lagen, führte sie die Kombination von Selbstzweifeln und der Vorstellung von Gott als einem perfektionistischen Oberaufseher von einer autoritären Gemeinde zur anderen. Immer war sie auf der Suche nach Gottes Liebe und Anerkennung.

Das moralische Gewissen war in der fundamentalistischen Gemeinde, die sie besucht hatte, mit Sicherheit geschärft worden. Doch die Sensibilität für das, was richtig und falsch war, stand in einem scharfen Kontrast zu den Sünden, derer sich Karen als Teenager schuldig machte. Sie fand nämlich heraus, daß sich die Sehnsucht nach Liebe und Anerkennung teilweise durch sexuelle Beziehungen erfüllen läßt. Wie es bei uns Menschen so oft der Fall ist, lagen menschliche Sehnsüchte und religiöse Überzeugungen im Streit miteinander – und meist gewinnen erstere den Kampf.

Jedesmal, wenn Karens emotionales Vakuum durch Sex teilweise gefüllt worden war, fühlte sie sich hinterher schuldig, denn sie hatte ja (nach ihrer eigenen Überzeugung) gesündigt. Daraus folgerte sie, daß Gott ihr ein weiteres Mal seinen Segen vorenthalten würde. Je stärker ihre Schuldgefühle wurden, um so stärker wurde auch der Wunsch, ihre Verfehlung wiedergutzumachen, was ihr allerdings auch nicht gelang. Hin- und hergerissen zwischen sexuellen Abenteuern und religiösen Bußleistungen wurde Karen, wie es mein Freund treffend bezeichnete, zu einem «wandelnden Bürgerkrieg». Ich habe diesen Teufelskreis von Sex-Sucht und vergeblichen Sühneversuchen übrigens noch häufiger beobachtet (vor allem bei Geistlichen).

Als Karen sechzehn Jahre alt war, wurde sie schwanger und heiratete. Der Vater des Kindes, selbst gerade erst achtzehn, entwickelte sich im Laufe der Zeit auch zu einem Alkoholiker und erinnerte Karen stark an ihren eigenen Vater. Als der Mann schließlich gewalttätig wurde, nahm Karen die Kinder und floh nach Kalifornien, wo sie zu unserer Gemeinde stieß.

Wie ich schon zu Beginn erwähnte, blieb sie nicht bei uns. Recht bald fand sie eine Gemeinde in unserer Stadt, die überall als gesetzlich und «sehr eng» bekannt ist. Dort fühlte sich Karen zu Hause. Sie glaubte, inzwischen stark genug zu sein, es noch einmal zu versuchen: zu versuchen, ein vollkommenes, geheiligtes Leben zu führen, um dadurch endlich die so lange ersehnte Anerkennung bei Gott zu bekommen. Daß die Verantwortlichen in ihrer Gemeinde ihr immer genau sagen können, was ein Christ darf und was nicht, kommt ihr dabei natürlich sehr gelegen.

Karen steht nicht alleine da. Viele Menschen haben wie sie den Eindruck, Gott sei ein despotischer Perfektionist. Mangelnde Annahme zu Hause und in der Gemeinde treiben solche Menschen zu religiöser Leistung und damit genau in die Verhaltensweise, die mißbrauchende Leiter und Gemeinden verlangen. Wer in einer solchen Situation niemals mit der befreienden Botschaft der göttlichen Vergebung in Christus konfrontiert wird, bleibt sein Leben lang ein Gefangener der religiösen Manipulation.

Gelegentlich spielt als Motivation für «religiösen Streß» eine ganz bestimmte Sünde eine Rolle, sei diese nun tatsächlich passiert oder nur eingebildet. Von einem Bekannten weiß ich, daß er in seiner Kindheit von Eltern und christlichen Freunden öfters zu hören bekam, er eigne sich für das Pfarramt oder sogar das Missionsfeld. Nach seinem Studium ging er jedoch ins Geschäftsleben. Obwohl der Mann sehr erfolgreich war, wurde er Zeit seines Lebens von einem schlechten Gewissen verfolgt. Er wurde das Gefühl nicht los, sich «außerhalb des Willens Gottes» zu befinden. Dieses stark ausgeprägte Schuldgefühl kompensierte er nun damit, daß er ständig Geld spendete und sich von seiner Gemeinde dazu überreden ließ, in jedem Gremium mitzuwirken, das sie anzubieten hatte. Der Mann «opferte» durch diese guten Taten für seine «Schuld» und wurde damit zum Opfer geistlichen Mißbrauchs.

Ich kenne einen weiteren Mann, der zwanghaft masturbiert. Niemand in seiner Gemeinde weiß dies. Alles, was man von ihm weiß, ist die Tatsache, daß er alles tut, was man von ihm verlangt. Sein Schamgefühl ist die Motivation dafür, daß er in der Gemeindearbeit Tag und Nacht auf Achse ist und nicht nein sagen kann. Auch auf diese Weise kann ein Mensch für geistlichen Mißbrauch anfällig werden.

Wer in dem Bewußtsein erzogen worden ist, Gott sei ein perfektionistisch gesinnter Tyrann, wird immer anfällig sein für christliche Leiter, die religiöse Leistung als Voraussetzung für göttliche Annahme verlangen. Und wer chronische Schuldgefühle durch religiöse Leistung kompensiert, ist ebenfalls ein potentielles Opfer für geistlichen Mißbrauch.

Der unsichere Mißbraucher

Nach meiner Erfahrung lassen sich Mißbraucher im geistlichen Amt in zwei Kategorien unterteilen. Die erste umfaßt diejenigen Leiter, die selbst unsicher sind und ihre Selbstzweifel durch Herrschaft über andere zu kompensieren versuchen. Solche Menschen sind irgendwann einmal seelisch verletzt worden und dann sozusagen als «Form der Selbstverteidigung» zum Angriff übergegangen, indem sie versuchten, Macht über andere zu erlangen. Mag sein, daß dies ohne Absicht geschah. Oft sind die Verletzungen, die solche Leiter anderen Menschen zufügen, «nur» Nebenprodukte ihres Wunsches, endlich einmal zu Ansehen zu gelangen.

Wie oft knechten machtgierige Pastoren, die ihre innere Unsicherheit überspielen wollen, diejenigen Menschen, die ihnen untergeben sind! Je unsicherer sie sich fühlen, desto unnachgiebiger verfahren sie mit ihren «Untertanen». Manche werden auch vom Ehepartner, vom Vorgesetzten oder einem Freund zu ihrem Tun angestachelt.

Unsichere Menschen fühlen sich zu kirchlichen Leitungsposten hingezogen, weil diese ihnen ein Forum verschaffen, ihre Machtgelüste auszuleben. Das Amt des Pastors oder Pfarrers hat in den Augen vieler Menschen etwas «Göttliches» an sich. Zwar hat in der westlichen Welt das Ansehen der Geistlichen rapide abgenommen, doch ich wage die Behauptung, daß es noch immer keinen anderen Berufszweig gibt (vom Militär vielleicht einmal abgesehen), der es einem Menschen ermöglicht, in eine fremde Stadt zu ziehen und aufgrund seines Status sofort eine beträchtliche Macht über andere Menschen ausüben zu können.

Die Kanzel bietet den Pastoren die Möglichkeit, Woche für Woche die geballte Aufmerksamkeit auf sich zu ziehen, ohne daß das Gesagte einer Kritik unterworfen würde. Davon abgesehen haben Pastoren oft noch weitere «Nebenjobs», sei es in der Verwaltung, als Berater, Seelsorger oder als Militärpfarrer. Auch werden ihnen meistens größere Geldsummen anvertraut. Kein Wunder, daß die Versuchung groß ist, zu kirchlichen Autokraten zu werden.

Ist nun ein solcher Mensch innerlich labil, von mangelnder Selbstbeherrschung und voller Angst vor Mißerfolg, so stellt er (oder sie) eine mögliche Gefahrenquelle dar. Es ist eine makabre Ironie (die jedoch von fast allen psychologisch geschulten Seelsorgern bestätigt wird), daß die Mißbraucher oft demselben biographischen Hintergrund entstammen wie ihre Opfer.

Jemand wie Karen wird oft genug die eigene Vergangenheit «aufarbeiten», indem er sich zu Menschen hingezogen fühlt, die ihre persönliche Geschichte des Mißbrauchs haben und diese im Leben anderer Menschen fortsetzen. Andere in ihrer Kindheit verletzte Menschen glauben, sich weiteren Verletzungen nur dadurch entziehen zu können, daß sie ihrerseits andere verletzen. Da Beziehungen, in denen Mißbrauch vorliegt, das einzige ist, was solche Menschen kennen, gelingt es ihnen nicht, dem Kreislauf zu entfliehen – sondern nur vom Opfer zum Täter zu werden.

Einer meiner Bekannten ist Leiter einer großen christlichen Beratungsstelle. Seine Mitarbeiterinnen und Mitarbeiter beraten jährlich Hunderte von Kirchenmitgliedern der verschiedensten Konfessionen und Denominationen. Dieser Mann sagte mir einmal, er wisse ganz genau, welche Gemeinden in unserer Gegend die Menschen geistlich mißbrauchen. Einmal pro Woche kommen seine Leute zu einem Supervisionsseminar zusammen und berichten über die Menschen, die zu ihnen in die Seelsorge kommen. Dabei stellt sich regelmäßig heraus, daß Menschen mit ganz bestimmten seelischen Problemen aus einer ganz bestimmten Art von Gemeinde stammen. Der Löwenanteil dieser Fälle setzt sich zusammen aus einigen sehr engen Gemeinden in der Umgebung, die äußerst gesetzlich und autoritätsgläubig sind, Druck auf ihre Mitglieder ausüben und tragischerweise gerade solche Menschen anziehen, die für diese Art von geistlichem Mißbrauch anfällig sind.

Mein Freund erzählte mir auch, daß viele Pastoren zu ihm kommen. Es wundere ihn immer wieder, so berichtete er mir, daß diese Menschen unter genau denselben Konflikten leiden wie ihre Opfer. Wie heißt es doch so treffend: «Hurt people hurt people» – «Verletzte Menschen verletzen Menschen.» Verletzte Menschen in Machtpositionen mißbrauchen oft die ihnen anvertraute Macht, um diejenigen zu manipulieren und zu unterdrücken, durch die sie sich verunsichert fühlen. Dadurch hoffen sie, sich selbst eine Sicherheitszone schaffen zu können.

Ich erinnere mich daran, daß es mir vor ein paar Jahren einmal fast genauso ergangen wäre. Ich war damals Pastor einer recht großen Kirchengemeinde. Der Vorstand dieser gut etablierten Gemeinde bestand aus einem Ältestenkreis, mit dem ich absolut nicht zurechtkam. Die Leute hatten in fast allen Bereichen, die mir wichtig waren, andere Auffassungen als ich (woran man übrigens wieder einmal erkennen kann, daß Mißbrauch nicht immer vom Pastor ausgehen muß. Er kann von jedem Menschen einer jeden Gruppe ausgehen, die gerade die Macht besitzt). Ich will nicht behaupten, daß der Umgang der Ältesten mit mir rundweg mißbräuchlich war, doch er war mit Sicherheit repressiv.

Nach einer ganz bestimmten, sehr kontrovers verlaufenen Ältestensitzung schwor ich mir innerlich, mich nie im Leben wieder dem Einflußbereich solcher Menschen auszusetzen. Wäre ich ein labiler Typ ohne feste Prinzipien gewesen, so hätte mir jene Situation sicher ein Umfeld verschaffen können, wo ich selbst als kleiner Diktator hätte fungieren können. Doch zum Glück bekam ich recht bald eine andere Stelle, die meinen Vorstellungen besser entsprach. Die dortigen Ältesten und ich stimmten in allen wichtigen Fragen überein. Wir zogen am gleichen Strang, und ich brauchte mich an meinen Schwur nicht zu halten.

Heilung für den Mißbraucher im Amt

Einer meiner Bekannten, der sich selbst als «ehemaligen Mißbraucher» bezeichnet, erzählte mir, wie es dazu kam. «Meine Kindheit», so berichtete er, «steckte voller Religion, doch Liebe und Annahme habe ich immer vermißt.» Als er von zu Hause auszog, war er auf der Suche nach einem Ort der Zugehörigkeit. Er wollte etwas gelten und in einem Beruf arbeiten, wo die Leute ihn brauchten. Was lag da näher, als für das Pfarramt zu studieren? (Eine leider sehr häufig anzutreffende Verkettung von Umständen!) Mein Freund bekannte, wie er in seiner ersten Gemeinde sehr schnell diejenigen Mitglieder herausgefunden hatte, die ihn kritiklos unterstützten. «Im Laufe der Zeit», so erzählte er mir, «schuf ich ein richtiges Klassensystem. Diejenigen, die mich unterstützten, standen oben und diejenigen, die meine Leiterschaft bedrohten, unten. Und ich war damals auch noch fest davon überzeugt, das Richtige zu tun!»

Er berichtete, welches Leid er denen zugefügt hatte, die unter ihm waren, und wie er die Leiter, die ihm zur Seite standen, dazu brachte, seinen mißbrauchenden Leitungsstil zu übernehmen. Irgendwann habe ihn dann jedoch die Erkenntnis der unverdienten Gnade und Barmherzigkeit Gottes von seinem Zwang, andere beherrschen zu wollen, befreit. Der Mann hat seine Schuld inzwischen öffentlich bereut und versucht nun, den Schaden, den er angerichtet hat, wiedergutzumachen.

Es gibt für die «Karens» unserer Welt wirklich nur eine einzige Chance: das Evangelium in seiner ganzen Macht und Klarheit zu erkennen. Solange diese Erkenntnis der Gnade nicht vorhanden ist, werden sich weiterhin Mißbraucher und potentielle Opfer suchen und finden. Denn ein Mensch, der mißbraucht wurde und sich daran gewöhnt hat, braucht den Mißbraucher ebenso wie dieser sein Opfer. Die Opfer reden sich ein, sie hätten eine mißbräuchliche Behandlung verdient, und die Täter glauben, sie seien dazu berechtigt, diese Tat auszuführen. Finden sich Täter und Opfer in diesem tragischen Kreislauf, spricht man heutzutage gerne von «Kodependenz», also «gegenseitiger Abhängigkeit».

Der Mißbraucher findet seinen Trost darin, für jemand anders die Rolle Gottes zu spielen. Das Opfer sieht seine Sicherheit darin, nachzugeben und von den Bedürfnissen eines anderen «aufgefressen» zu werden. Leid und Schmerz ist der Preis, der für dieses Abhängigkeitsverhältnis gezahlt werden muß – ein Preis, der beide Seiten in immer höhere Schulden stürzt. Nur wer den Offenbarungseid leistet und den vollständigen Bankrott erklärt, wird die Gnade Gottes erfahren und einen Ausweg aus dieser Situation finden. Nur wer alle falschen Sicherheiten aufzugeben bereit ist, hat eine Chance, dem Kodependenz-Kreislauf zu entfliehen – worüber im nächsten Kapitel im einzelnen zu sprechen sein wird.

Der narzißtische Mißbraucher

Die zweite Kategorie geistlicher Mißbraucher umfaßt die heldenhaften, messianischen Narzißten, die davon überzeugt sind, etwas Besonderes zu sein und etwas Großes für Gott zu tun. Um diese Träume in die Wirklichkeit umsetzen zu können, brauchen sie die Hilfe ihrer Mitmenschen – und vor allem deren Geld. Auch ein narzißtischer Leiter verletzt andere nicht unbedingt in böser Absicht. Daß andere verletzt werden, ist jedoch eine Tatsache; mag sich ein narzißtischer Leiter auch einreden, er tue dies alles nur «für Gott und sein Reich».

Manchmal verbinden sich die Eigenschaften des unsicheren Leiters mit denen des narzißtischen in einer Person. Ich denke in diesem Zusammenhang vor allem an die Führer der großen Sekten. Auch im politischen Bereich gibt und gab es solche Führer, deren Ich-Schwäche sich mit einem Messiaskomplex verband und die dann als ein Hitler, Mussolini oder Stalin an die Macht gelangten.

Wie die unsicheren Mißbraucher sind auch die narzißtischen sehr komplexe Persönlichkeiten. Sie sind in gewisser Weise noch gefährlicher als die erste Kategorie von Mißbrauchern. Nach außen hin wirken sie nämlich nicht nur äußerst begabt, sondern auch hochmoralisch und ganz und gar hingegeben an Gott und sein Reich. Gefährlicher sind sie auch insofern, als es ihnen nicht nur darum geht, sich selbst zu beschützen. Sie wollen vielmehr verehrt werden. Solche Menschen suchen mehr als einen Schutzraum für ihr schwaches Ich. Sie sind auf der Suche nach Menschen, die sie verehren und glorifizieren.

Die Grundlage für den Narzißmus im Erwachsenenalter wird in unserer Kindheit gelegt. Die meisten kleinen Jungen (und auch Mädchen, wie ich hörte) durchlaufen in ihrer Kindheit eine Phase des Narzißmus, in der sie in ihrer Phantasie für die Menschen, zu denen sie aufsehen, heldenhafte Taten verüben. Bei mir jedenfalls war es so. Ich kann mich noch lebhaft daran erinnern, wie ich als Sechsjähriger in meinen Tagträumen meine Familie und meine Grundschullehrerin, Miss Trimble, aus einem brennenden Haus rettete. Meine Vorbilder hießen Superman und Tarzan. Bei den meisten Menschen legt sich diese Phase im Laufe der Zeit.

Heroische Leiterfiguren jedoch sind ihren Kindheitsphantasien nie entwachsen. Die Seele des wahren Narzißten widersteht standhaft dem Prozeß der inneren Reife. Erwachsene Narzißten halten an ihrem Traum fest, eines Tages einmal etwas Weltbewegendes zu vollbringen, das ihnen bei Gott und den Menschen Anerkennung einbringt. Sie phantasieren über die Bestseller, die sie einmal schreiben und die den Lauf der Kirchengeschichte nachhaltig verändern werden, träumen von der Evangelisation der ganzen Nation, der Gründung der einzig wahren Kirche, der Abschaffung des Welthungerproblems oder einer herausragenden Stellung in «Gottes endzeitlicher Armee». Ihre Selbstüberschätzung ist immens und ihr Erfolgsdurst grenzenlos. Sie sind fest davon überzeugt, daß ihnen menschliches Lob und göttliche Gunst zustehen.

Narzißtische Leiter machen andere klein, um selbst groß dazustehen. Sie werden zornig, wenn sie merken, daß das Leid ihrer Mitmenschen zu einem Hindernis auf ihrem Weg geworden ist. Narzißtische Leiter sind nicht nur Schauspieler. Sie glauben tatsächlich daran, zu Großem bestimmt zu sein. Sie sind fest davon überzeugt, daß die Bedürfnisse der Menschen um sie herum unwichtig sind.

Solche Leiter stellen eine Gefahr dar, weil sie Menschen

brauchen, die zu ihnen aufblicken, ihnen applaudieren und ihre Taten und Träume rechtfertigen. Denn die größte Angst im Leben eines Narzißten ist die, einmal nicht mehr wichtig genommen zu werden.

Leider bietet die Kanzel einer Kirche oder Gemeinde einem solchen Menschen die einfachste Möglichkeit, seinen Traum zu verwirklichen. Es kann sogar sein, daß seine erste Predigt ihm die erste Gelegenheit seines Lebens bietet, die Aufmerksamkeit und Anerkennung seiner Mitmenschen auf sich zu ziehen. Ist so ein Leiter dann auch noch begabt und baut seine Fähigkeiten weiter aus, gelangt er bald ans Ziel seiner Träume. Und je mehr er seinen Lebenstraum verwirklicht, desto mehr Anerkennung und Macht erstrebt solch ein «messianischer» Leiter. Bis zur Sucht ist es dann meist nicht mehr weit.

Um sich die nötige öffentliche Anerkennung zu sichern, umgeben sich solche Leiter oft mit dem Image des Besonderen oder lassen andere dieses Image verbreiten.

Die Besonderheit mag in einer «Salbung durch den Geist» bestehen, in einem Opfer, das der Leiter gebracht hat, in einer «Zwiesprache mit Gott», die nur er pflegt und kein anderer, in einer speziellen Ausbildung, einer bestimmten Gabe oder einer Sonderoffenbarung, in die wiederum nur er Einblick nehmen kann. Wie es im Einzelfall auch sein mag: Es steckt immer der Gedanke dahinter, daß die Leiterfigur besonders berufen ist und die «einfachen Leute» zu ihr aufblicken müssen (was sie dann leider auch scharenweise tun).

Quasi-messianische Ansprüche können direkt gemacht werden; sie können aber auch sehr subtil vorgebracht werden. Vor einiger Zeit war ich in einem Gottesdienst zugegen, wo der Pastor über einen Vers aus dem Hebräerbrief predigte: «Gehorcht euren Lehrern und folgt ihnen, denn sie wachen über eure Seelen – und dafür müssen sie Rechenschaft geben –, damit sie das mit Freuden tun und nicht mit Seufzen; denn das wäre nicht gut für euch» (Heb 13,17). Bei der Predigt kam dann heraus, daß die Gemeinde dem Pastor gehorchen und sich ihm unterordnen müsse, denn sonst würde er ja zur Rechenschaft gezogen. Und wenn die Gemeinde den Gehorsam verweigerte, würde Gott ihn, den Pastor, richten und in die Hölle schicken. Diese entsetzliche Exegese in Verbindung mit seinem übersteigerten Selbstbewußtsein war schon merkwürdig genug. Noch mehr überraschte mich allerdings, daß die Gemeinde ihm die Sache abkaufte! Jedenfalls verließen alle ganz betroffen die Kirche und raunten einander zu, daß sie von nun an ihrem Pastor noch gehorsamer sein müßten.

Hat sich eine solche Gemeinde erst einmal an einen Leiter gewöhnt, der sich für etwas Besonderes hält, so ist es sehr schwer, ihn in dieser Stellung zu erschüttern. Im Laufe der Zeit wird er sich jeglicher Rechenschaft entziehen und dafür um so intensiver die ihm Untergebenen zu beherrschen versuchen.

Menschen zu beherrschen ist nicht immer einfach. Jeder hat individuelle Bedürfnisse, und jeder sehnt sich danach, daß diese Bedürfnisse erfüllt werden. Ein quasi-messianischer Leiter muß darum versuchen, die Menschen von ihren eigentlichen Bedürfnissen abzulenken und ihre Aufmerksamkeit auf eine «bessere Zukunft» zu richten. Anstatt die Gemeinde dazu anzuhalten, hier und jetzt ehrlich und anständig zu leben, wird die «große Erweckung» versprochen, ein «mächtiges Wirken des Geistes», das «unmittelbar bevorsteht». Ist die Gemeinde der Realität erst einmal weit genug entfremdet worden, fällt es dem Leiter um so leichter, sie weiterhin nach eigenem Gutdünken zu manipulieren.

Eine weitere Taktik, die Menschen von der Gegenwart abzulenken, besteht darin, Verwirrung zu schüren und gelegentlich für eine Krise zu sorgen. Das läßt sich zum Beispiel machen, wenn der allgemeine Kurs der Gemeinde und ihre konkreten Programme plötzlich keinen roten Faden mehr erkennen lassen. Man äußert «prophetische Worte» und hat eine Woche später bereits neue zur Hand, die den vorausgegangenen widersprechen. In dem allgemeinen Durcheinander weiß bald niemand mehr, was eigentlich gespielt wird. Das Ganze dient der Gemeindeleitung nur dazu, von ihrer eigenen Unfähigkeit und Inaktivität abzulenken. Da niemand weiß, was wirklich los ist (abgesehen von den Leitern), ist dem Tratsch Tor und Tür geöffnet.

Krisen dienen in solchen Gemeinden vor allem dazu, den Menschen Sand in die Augen zu streuen. Die Leiter erfinden bestimmte Feinde (Dämonen, politische oder andere kirchliche Gruppen) und impfen den Leuten ein, alle anderen wären im Unrecht und nur die eigene Gemeinde sei die wahre. Manchmal erweckt ein mißbrauchender Leiter geradezu den Eindruck, als befände sich die ganze Welt im Kampf gegen die eigene Gemeinde. Wenn dann alle auf einen solchen imaginären Feind blicken, hat das natürlich den Vorteil, daß nun sicher niemand mehr die Energie aufbringt, sich zu stark mit persönlichen Problemen zu beschäftigen.

Das effektivste Herrschaftsmittel quasi-messianischer Leiter besteht darin, den Gemeindemitgliedern einzureden, ihnen sei eine ganz besondere Mission übertragen worden; er (der Leiter) sei das «auserwählte Werkzeug des Herrn» und sie (die Gemeinde) dazu ausersehen, ihn zu unterstützen. Ausgesprochen oder unausgesprochen ist eine solche Gruppe davon überzeugt, sie sei die «einzig wahre Kirche», der «harte Kern», «die geistliche Vorhut für diese Generation» und «trainiere für den Kampf in Gottes Endzeitarmee».

Hat eine solche Selbstüberschätzung in einer Gruppe Fuß gefaßt, wird eine Kombination aus Stolz und Furcht die Leute bei der Stange halten. Wir alle sind gerne «besser als der Durchschnitt», und das Versprechen, zu einer Elite zu gehören, war schon immer ein Lockmittel für Mißbraucher. Die Gruppe zu verlassen, traut sich kaum jemand, denn wer möchte sich schon gerne «aus dem Segensbereich Gottes entfernen» oder seiner «besonderen Berufung» untreu werden? Dies führt uns zu der Frage, über die wir im folgenden nachdenken wollen: Wer ist für die Forderungen solcher quasi-messianischer Leiter anfällig, und warum begeben sich die betreffenden Personen freiwillig in deren Einflußbereich?

Helden und ihre Verehrer

Die meisten von uns brauchen Helden. Wir alle haben Sehnsucht nach jemandem, der die aus den Fugen geratene Welt wieder in Ordnung bringt. Wir brauchen Vaterfiguren und große Brüder, Menschen, an die wir uns lehnen können und die uns unsere Probleme abnehmen. Hat ein Mensch sein Idol gefunden, wird er es mit Macht ausstatten. Leiter dürfen Fehler machen; ihre Nachfolger übersehen sie. Inkonsequenzen werden rationalisiert, Sünden entschuldigt. Gelegentlich benehmen wir uns gerade so, als sei es ein Vorrecht, für einen edlen Zweck mißbraucht zu werden. Lieber sind wir wehrlose Opfer als Menschen, die zu nichts Wichtigem taugen. Die meisten Heldenverehrer halten den Preis der individuellen Freiheit für gering im Vergleich zu dem Vorrecht, zu einer «auserwählten Gruppe» gehören zu dürfen.

Besonders junge Menschen fallen auf «Messiasfiguren» herein. Sie kennen die Welt gut genug, um zu wissen, daß sie chaotisch ist, kennen sie jedoch noch nicht lange genug, um verstehen zu können, daß es keine einfachen Lösungen gibt. Die selbsternannten Messiasfiguren bieten ihnen einfache Antworten auf komplizierte Fragen.

Junge Leute, die sich selbst als schwach empfinden, fühlen sich naturgemäß zu starken Leiterpersönlichkeiten hingezogen. Manch junger Mensch fühlt sich machtlos gegenüber der eigenen Sündhaftigkeit und Verführbarkeit. Dann ist er natürlich erleichtert, wenn ein Leiter ihm die Entscheidungen abnimmt oder ihm Grenzen setzt. Viele junge Christen sehnen sich nach einer Art neutestamentlicher Urgemeinde, in der «alles richtig gemacht wird». Die Unreifen wünschen sich jemanden, der für sie reif ist.

Junge Menschen wollen sich für etwas einsetzen. So ist es auch zu erklären, daß sie sich strengen religiösen Vorschriften beugen. Sie wollen etwas erreichen, wollen die Welt verändern. Der Gedanke, zu «Gottes Auserwählten» zu gehören, erscheint ihnen unerhört attraktiv. Sich ganz einer «guten Sache» hinzugeben nimmt ihnen – ebenso wie Drogen- oder übermäßiger Alkoholkonsum – den Schmerz des Erwachsenwerdens und der Identitätsfindung ab.

Fehlendes Unterscheidungsvermögen und mangelnde Menschenkenntnis sind weitere Gründe dafür, daß junge Leute auf die Ansprüche selbsternannter Messiasse hereinfallen. Wenn ein Leiter behauptet, alle Antworten zu wissen, und dies im Brustton der Überzeugung auf glaubwürdige Weise verkündet, werden gerade junge Menschen ihm dies bereitwillig abnehmen. Wer den «Stuhl des Mose» beansprucht, kann vor allem unter der Jugend auf Unterstützung zählen.

Wie bereits erwähnt, verspricht der quasi-messianische Leiter etwas für die Zukunft, um nicht hier und heute ein aufrichtiges Leben führen zu müssen. Allerdings erweisen sich gelegentlich die Bedürfnisse der von ihm Abhängigen als so dringend, daß er dazu gezwungen wird, sein Verhalten zu ändern. Doch auch wenn die Gemeindemitglieder das stolze Bewußtsein, zu einer Elite zu gehören, aufgeben, auch wenn sie nicht länger Angst haben, Gottes Segen zu verpassen, gibt es noch einen weiteren Grund, daß sie dem Leiter treu bleiben. Vielfach wird nämlich argumentiert: «Jetzt habe ich zu viel in diese Gruppe und ihren Leiter investiert, als daß ich einfach aussteigen könnte. Vielleicht wird sich ja noch etwas ändern. Irgendwann einmal wird sich der Einsatz gelohnt haben.»

In ein «Auslaufmodell» zu investieren ist ein bekanntes Phänomen. Es gibt Börsianer, die emotional von einer bestimmten Aktie so abhängig geworden sind, daß sie ihr trotz fallender Kurse treu bleiben. Und es gibt Liebhaber alter Autos, die Tausende von Dollar für Ersatzteile ausgeben, auch wenn diese den Wert des Wagens längst überstiegen haben. Gegen alle Hoffnung hoffen viele Frauen (oder Kinder), die sich in der Abhängigkeit eines Alkoholikers oder Drogensüchtigen befinden, daß «er es eines Tages schaffen wird», und in derselben Weise bleibt manche Gemeinde ihrem mißbrauchenden Pastor treu und hofft gegen alle Hoffnung, daß er sich ändern wird.

Doch wenn ein solcher Leiter nicht seine Schuld bereut und sein Verhalten ändert, wird diese Hoffnung nicht erfüllt. Es gibt nur einen einzigen Messias, der die Menschen niemals enttäuscht: Jesus Christus.

Viele Mitarbeiter in Gemeinden und Missionswerken scheinen Schuldgefühle für von Gott gewirkte Überzeugungen zu halten. «Wenn wir uns erst einmal so richtig schuldig und mies fühlen», so argumentieren sie, «dann hat der Heilige Geist gewirkt (oder ist am Werk).»

Bruce Narramore

Die Reformation war eine Zeit, in der die Menschen blind vor Trunkenheit waren. Sie hatten in einem alten Kellergewölbe einen fünfzehnhundert Jahre alten Tropfen gefunden, und das gleich kistenweise. Flasche für Flasche wurde das feine Destillat geleert. Es bestand aus unverfälschter Heiliger Schrift, und ein einziger Tropfen genügte, um den Menschen davon zu überzeugen, daß er ohne eigenes Zutun von Gott angenommen war. Das Wort des Evangeliums war nach Jahrhunderten der Irrlehre – in denen die Menschen sich selbst in den Himmel zu bugsieren versuchten, indem sie sich sogar um die rechte Form ihrer Schnürsenkel sorgten – mit einem Mal zu der Ankündigung geworden, daß sie schon im Vaterhaus waren, bevor sie überhaupt aufgebrochen waren. Der Trunk der Gnade war kein Cocktail. Er wirkte nur pur: ohne Eis, ohne Soda und vor allem ohne künstliches Aroma.

Robert Farrar Capon

Wenn euch nun der Sohn frei macht, so seid ihr wirklich frei.

Jesus Christus (Joh 8,36)

So gibt es nun keine Verdammnis für die, die in Christus Jesus sind.

Paulus (Röm 8,1)

Kapitel 8

«Amazing Grace» – die heilende Kraft der göttlichen Gnade

Vor kurzem war ich Gast in einer fast dreistündigen Radio-Talkshow zum Thema «geistlicher Mißbrauch». Ich erklärte den Hörern das, was Sie in den ersten Kapiteln dieses Buches gelesen haben, und bat dann um Anrufe. Die Hörerinnen und Hörer, die anriefen, bestätigten auf dramatische Weise die Notwendigkeit des vorliegenden Buches. Sie alle waren «Überlebende» kirchlichen Mißbrauchs, und fast alle unter ihnen wollten wissen, wie sie mit den Gefühlen von Schuld und Scham fertig werden sollten, die sie in den Mißbrauch geführt hatten und die durch den Mißbrauch noch verstärkt worden waren.

Ich versuchte, auf alle einzelnen Fälle einzugehen und den Betreffenden klarzumachen, daß nur eine «überreiche Dosis der göttlichen Gnade imstande ist, das, was Täter und Opfer erlitten haben, wiedergutzumachen».

Nach etwa zweieinhalb Stunden versuchte der Moderator das bisher Gesagte zusammenzufassen: «Wenn ich dich richtig verstehe, Ken, geht es dir darum, daß die Leute merken: ‹Wir sind okay, weil Jesus uns für Gott okay macht, und wenn wir das begriffen haben, kann uns niemand auf dieser Welt mehr versklaven oder manipulieren. Und wenn auch die Täter begreifen, daß ihnen vergeben ist, werden sie keinen Drang mehr verspüren, über andere zu herrschen.›»

Der Mann hat es auf den Punkt gebracht!

Schuld und Scham

Wir sahen bereits, wie Mißbraucher und ihre Opfer durch Selbstzweifel und die damit verbundenen Defizite in ihre Rollen gedrängt werden. Diese Defizite werden auf verschiedene Art und Weise beschrieben: Einige berichten von einem Gefühl der Unzulänglichkeit; andere sagen, daß sie ständig von einer Furcht vor Strafe getrieben werden. Der Terminus, der solche Gefühle am besten beschreibt, ist meiner Ansicht nach in dem Wort «Scham» zu finden.

Es gibt einen wichtigen Unterschied zwischen den Begriffen «Schuld» und «Scham», wenn viele Menschen sie auch synonym benutzen. Schuld ist eine emotionale Strafe für schlechtes Verhalten. Sie bezieht sich auf etwas, das wir getan haben. Scham jedoch klagt uns im Hinblick auf das an, was wir sind. Scham hat mit unserem Wesen zu tun. Schuldgefühle führen zu einem Haß auf unsere Taten. Dieses Gefühl veranlaßt uns, die Tat zu bereuen und wiedergutzumachen. Das Schamgefühl jedoch führt zu einem Haß auf unsere Persönlichkeit.

Die Menschen reagieren in unterschiedlicher Weise auf Selbstzweifel, Selbsthaß und Scham. Karen, von der ich Ihnen im vorangegangenen Kapitel berichtete, unterwarf sich dem Mißbrauch von Menschen und Institutionen, weil ihr Schamgefühl ihr die Überzeugung vermittelte, sie habe es nicht besser verdient. Scham will immer Strafe haben – und ist damit genau das, was Mißbraucher im geistlichen Amt zu bieten haben.

Geistliche Mißbraucher empfinden oft selbst ein tiefsitzendes Schamgefühl. Nur suchen sie nicht nach einer Person, die sie straft, sondern nach Menschen, die sie beherrschen können. Mehr als einmal sind mir christliche Leiterpersönlichkeiten begegnet, die sich selbst nicht mochten und ihre Selbstzweifel dadurch zu besiegen versuchten, daß sie sich über andere erhoben. Doch die Befriedigung, die dies verschafft, hält nicht lange an. Schon bald braucht ein solcher Selbstzweifler den nächsten «Trip». Es ist, als tränke man Salzwasser: Je mehr man trinkt, um so durstiger wird man.[1]

In vielen von Mißbrauch geprägten Beziehungen ist Schamgefühl deshalb der gemeinsame Nenner zwischen Täter und Opfer. Scham zieht Mißbrauch an; Scham treibt den Täter zum Mißbrauch. Und deshalb brauchen beide Seiten auch dasselbe Heilungsmittel.

Scham und das Gesetz

Wie kommt es, daß viele von uns sich selbst derart negativ einschätzen? Was bringt uns zu der Überzeugung, nicht «okay» zu sein?

Seelsorger, Theologen und Soziologen beantworten diese Frage auf unterschiedliche Weise. Die Antwort, die ich persönlich anzubieten habe, stützt sich auf die Aussagen des Apostels Paulus. Paulus war nämlich davon überzeugt, daß Schuld und Scham damit zusammenhängen, wie ein Mensch das Gesetz Gottes versteht. Der Gebrauch des Begriffes «Gesetz» (gr.: nomos) durch Paulus ist kompliziert und Gegenstand vielfältiger Diskussionen. Ich selbst bin – mit der Mehrzahl der Ausleger des Neuen Testaments – der Ansicht, daß Paulus das Gesetz auf eine zweifache Weise sieht. Er deutet es zum einen positiv, zum anderen negativ. C.F.D. Moule bemerkt mit Recht: «Es besteht kein Zweifel daran, daß man die beiden paulinischen Sichtweisen des Gesetzes einerseits ‹offenbarungsgemäß›, andererseits ‹legalistisch› nennen kann.»[2]

Zum einen stellt Paulus das Gesetz als etwas Gutes dar, etwas, das Gottes Willen und Maßstab für unser Leben offenbart. Die Zehn Gebote, die das göttliche Gesetz zusammenfassen, zeigen dem Menschen, wie seine Beziehung zu Gott und Mitmensch aussehen sollte. Das Gesetz ist in diesem Sinne Gottes gnädiges Geschenk an eine gefallene Welt. So ist beispielsweise die Aussage im Timotheusbrief zu verstehen: «Wir wissen aber, daß das Gesetz gut ist, wenn es jemand recht gebraucht» (1. Tim 1,8). Das Gesetz übernimmt eine heilende Aufgabe insofern, als es uns auf den Glauben an Christus vorbereitet (Gal 3,19–25). Auch als Maßstab für das Zusammenleben in der menschlichen Gesellschaft ist das Gesetz von Wert (1. Tim 1,9). In diesem – dem positiven – Sinne gilt: «So ist also das Gesetz heilig, und das Gebot ist heilig, gerecht und gut» (Röm 7,12), oder wie Paulus kurz darauf sagt: «Wir wissen, daß das Gesetz geistlich ist» (Röm 7,14).

Meist jedoch spricht Paulus vom Gesetz in negativer Weise, besonders dann, wenn es ihm darum geht aufzuzeigen, wie der Mensch vor Gott gerecht werden und Freiheit von Schuld und Scham finden kann. Vor seiner Bekehrung zu Christus hatte Paulus Gerechtigkeit und die Befreiung von Schuld durch das Einhalten des Gesetzes zu erlangen versucht.

Bei seiner Begegnung mit dem auferstandenen Christus fiel es ihm wie Schuppen von den Augen, daß göttliche Annahme und menschliche Eigenanstrengung nichts miteinander zu tun haben. Wahre Gerechtigkeit und wahre Freiheit von Schuld und Scham sind ein Geschenk der göttlichen Gnade. Paulus erkannte, daß seine auf dem Einhalten des Gesetzes beruhende Gerechtigkeit nichts taugte. Er erkannte, daß sie «Dreck» war, und freute sich, Christus gewonnen zu haben, «daß ich nicht habe meine Gerechtigkeit, die aus dem Gesetz kommt, sondern die durch den Glauben an Christus kommt» (Phil 3,9).

Das Kommen Jesu Christi machte alles zunichte, was Paulus hinsichtlich der Aufgabe des Gesetzes als eines Instruments der Rechtfertigung des Menschen vor Gott jemals gelernt hatte. Paulus erkannte, daß ein Leben unter dem Gesetz in Wirklichkeit Fluch bedeutete. «Denn es steht geschrieben: ‹Verflucht sei jeder, der nicht bleibt bei alledem, was geschrieben steht in dem Buch des Gesetzes, daß er's tue›» (Gal 3,10). Paulus hatte endlich eingesehen, daß kein Mensch dazu in der Lage sein kann, sämtliche 613 Vorschriften des Gesetzes Tag und Nacht zu erfüllen. Aufgabe des Gesetzes ist es, uns ausnahmslos zu Sündern zu erklären.

Früher oder später müssen Menschen wie Paulus – und solche, die seine Theologie ernst nehmen – mit dem Vorwurf rechnen, «Antinomisten», also «Gesetzesgegner», zu sein, oder (wie es die erwähnte Frau mir gegenüber nach dem Gottesdienst ausdrückte) «die Sünde zu verharmlosen». Nichts ist falscher als dieser Vorwurf. Paulus nahm die Sünde viel zu ernst, als daß er auf den Gedanken käme, sie könne in eigener Kraft überwunden werden, wie sehr sich ein Mensch auch darum bemühe. Im Römerbrief werden wir als «schwach», «gottlos», als «Sünder» und «Feinde» bezeichnet. Die Sünde ist es, die uns völlig unfähig macht, aus eigenem Bemühen heraus Gott zu gefallen. Das Gesetz kann niemals retten, nur verdammen.

«Christus ist für uns gestorben, als wir noch Sünder waren. Um wieviel mehr werden wir nun durch ihn bewahrt werden vor dem Zorn, nachdem wir jetzt durch sein Blut gerecht geworden sind!» (Röm 5,8f.). Wie wir gleich sehen werden, gilt noch ein zweites: Auch von dem Zorn, den das schuld- und schambeladene Gewissen anrichtet, werden wir durch ihn errettet.

Ganz gleich, wie intensiv und wie lange wir uns darum bemühen, das Richtige zu tun: Es funktioniert nicht! Wir sind ständig beschämt; wir entkommen dem Selbsthaß nie. Es gibt für uns keine Möglichkeit, die Vergebung und Annahme zu erarbeiten. Wenn wir sie erfahren, dann umsonst, unverdient und auf Kosten eines anderen.

Wie wir bereits sahen, kann Christus dem Gesetz eine positive Bedeutung geben. Worauf der Apostel Paulus jedoch besteht, ist die Tatsache, daß Gesetzlichkeit uns niemals vor Gott (oder vor irgend jemandem) annehmbar macht (Röm 10; Gal 2,16.21; 3,13; Phil 3,9).

Die griechische Sprache, in der Paulus seine Briefe schrieb, kennt keine Wörter für «Legalismus» oder «Gesetzlichkeit». Inhaltlich hat Paulus jedoch genau diese Begriffe im Sinn, wenn er in negativer Weise vom göttlichen Gesetz spricht. Wann immer das Gesetz (das «Wesen des Buchstabens» oder der «Schuldbrief», wie sich Paulus in Röm 7,6 bzw. Kol 2,14 ausdrückt) von einem christlichen Leiter dazu benutzt wird, um die ihm Untergebenen zu manipulieren, wird es zu einem Instrument des geistlichen Mißbrauchs. Autoritäre Leiter mißbrauchen nicht nur das Gesetz; sie fügen ihm nach eigenem Gutdünken auch noch weitere Vorschriften hinzu, um so ihre Macht über die Menschen weiter auszubauen. Wer schamorientiert empfindet, läßt sich von solchen Vorschriften innerlich anklagen.

Doch eine jede Stimme (ob äußerlich oder innerlich), die uns einredet, wir müßten uns noch mehr anstrengen, um die Anerkennung Gottes oder der Menschen zu erlangen, ist von Übel – oder wie Paulus es formuliert: ein Fluch. Ron Enroth hat in seiner Studie «Churches That Abuse» («Kirchen, die mißbrauchen») aufgezeigt, auf welche effektive Weise in solchen Kirchen die Mitglieder durch Scham und Schuld manipuliert werden: «Wer die Betonung auf die Einhaltung christlicher Gesetze legt, erzeugt bei den Menschen Schuldgefühle, die den Machtmißbrauchern als wirksamer Kontrollmechanismus dienen.»[3]

Freiheit vom Gesetz

Das Evangelium Jesu Christi, in rechter Weise verkündigt und verstanden, ist das einzige Heilmittel für den Mißbrauch des Gesetzes. Nur diese «Gute Nachricht» ist imstande, den Legalismus als Hauptinstrument geistlichen Mißbrauchs auszuschalten. Wenn wir erkennen, daß wir durch das Leben, den Tod und die Auferstehung Christi hundertprozentige Annahme bei Gott finden, werden sämtliche religiösen Gesetze ihre manipulative Gewalt über uns verlieren.

Wenn Paulus unsere Befreiung von der Selbstanklage verkündigt und uns freispricht von jeglicher Repression durch die Gesetzlichkeit, benutzt er häufig das Bild des Todes. Besonders im 7. Kapitel des Römerbriefes spricht der Apostel davon, daß wir früher einmal «mit dem Gesetz verheiratet» waren, nun aber dem uns mißbrauchenden Ehepartner «abgestorben» und mit Christus verbunden sind und uns über die Frucht dieser Beziehung freuen können.

In dem Film «Sleeping with the Enemy» spielt Julia Roberts eine Frau, die mit einem herrschsüchtigen, tyrannischen und sehr erfolgreichen Geschäftsmann verheiratet ist. Wie die Pharisäer legt auch dieser Mann viel Wert darauf, daß seine Frau ganz bestimmte Leistungen erfüllt. Zum Beispiel verlangt er von ihr, die Handtücher im Badezimmer immer abgezirkelt gerade aufzuhängen und sich in der Öffentlichkeit hundert Prozent korrekt zu verhalten.

Als seine Frau versehentlich einmal eines seiner Gebote (sprich: das Gesetz) übertritt, straft er sie, verbal wie physisch. Der fortgesetzte Mißbrauch macht schließlich der Frau das Leben unerträglich.

Irgendwie möchte sie von ihrem Mann loskommen. Sich von ihm scheiden zu lassen, kommt nicht in Frage, denn er will seinen «Besitz» nicht aufgeben und hat auch zu viele Fäden ihres Lebens in der Hand. Die Frau begreift: Einer von beiden muß sterben; anders ist Freiheit nicht zu haben. So spielt sie schließlich ihren eigenen Tod, flieht Hunderte von Meilen in eine andere Stadt und nimmt dort eine neue Identität an. Durch ihren «Tod» ist es ihr gelungen, einem qualvollen Leben endgültig zu entfliehen.

Der Handlungsfaden des Films bis zu dieser Stelle bietet uns eine gute Illustration für das, was Paulus über unseren Tod im Hinblick auf das Gesetz sagt:

> «Wißt ihr nicht, liebe Brüder – denn ich rede mit denen, die das Gesetz kennen –, daß das Gesetz nur herrscht über den Menschen, solange er lebt? Denn eine Frau ist an ihren Mann gebunden durch das Gesetz, solange der Mann lebt; wenn aber der Mann stirbt, so ist sie frei von dem Gesetz, das sie an den Mann bindet. Wenn sie nun bei einem andern Mann ist, solange ihr Mann lebt, wird sie eine Ehebrecherin genannt; wenn aber ihr Mann stirbt, ist sie frei vom Gesetz, so daß sie nicht eine Ehebrecherin ist, wenn sie einen andern Mann nimmt» (Röm 7,1–4).

Der Hintergrund für dieses von Paulus benutzte Bild, das aussagt, daß der Tod Mann oder Frau von allen gesetzlichen Verpflichtungen befreit, findet sich in Römer 6,14: «Denn die Sünde wird nicht herrschen können über euch, weil ihr ja nicht unter dem Gesetz seid, sondern unter der Gnade.» Das Gesetz definiert, was Sünde ist, und überführt uns von Schuld. Es bestätigt unsere Sünde und hält uns gefangen. Solange das Gesetz uns beherrscht, stehen wir unter der ständigen Anklage, Sünder zu sein. Wir werden diesen Anklagen nur dann entgehen können, wenn wir uns radikal von dem Gesetz befreien.

Paulus stellt klar, daß dies nur durch den Tod geschehen kann. Es ist vielleicht das größte Geheimnis des gesamten Evangeliums, daß wir «in Christus» sind, verbunden mit seinem Leben, Sterben und Auferstehen. Wir haben teil an diesen Erfahrungen, sogar an der Erfahrung des Todes:

> «So sind wir ja mit ihm begraben durch die Taufe in den Tod, damit, wie Christus auferweckt ist von den Toten durch die Herrlichkeit des Vaters, auch wir in einem neuen Leben wandeln. Denn wenn wir mit ihm verbunden und ihm gleichgeworden sind in seinem Tod, so werden wir ihm auch in der Auferstehung gleich sein. Wir wissen ja, daß unser alter Mensch mit ihm gekreuzigt ist, damit der Leib der Sünde vernichtet werde, so daß wir hinfort der Sünde nicht dienen. Denn wer gestorben ist, der ist frei geworden von der Sünde» (Röm 6,4–7).

«Alles das, was Christus durch seinen Kreuzestod erworben hat, wird uns zugerechnet. Er hat die Forderungen des Gesetzes erfüllt, und wir sind frei von der Macht und Sklaverei der Sünde, an die uns das Gesetz gebunden hatte.»[4]

Paulus stellt klar, daß das Gesetz nur die Lebenden bindet, nicht die Toten. Wir aber sind tot. Wir sind auf die radikalst mögliche Weise von unserem ersten Ehepartner (dem Gesetz) getrennt worden. Wir haben nun die Freiheit, uns einem neuen Partner zuzuwenden und ihm zu dienen. Die Frucht der ersten Ehe war Sünde und Scham (Röm 6,21). Die Frucht unserer zweiten Ehe ist gekennzeichnet durch das Wesen und Werk Gottes (Röm 7,4).[5]

Das Wesen des Gesetzes

Wir müssen uns nun noch eingehender mit dem Wesen unseres «verstorbenen Ehepartners», also des Gesetzes, beschäftigen. Nur dann können wir erkennen, warum ein Ausbrechen aus dieser Gebundenheit so wichtig ist. Das Gesetz «reagiert» zunächst einmal nur, wenn wir es übertreten, und dann tritt es uns stets als Kläger gegenüber. «Durch das Gesetz kommt Erkenntnis der Sünde» (Röm 3,20), sagt Paulus, und kurz darauf: «Das Gesetz richtet nur Zorn an» (Röm 4,15). Der anklagende Charakter des Gesetzes ist konsequent und unerbittlich. Wenn wir von einer Polizeistreife angehalten werden, geschieht dies niemals, um uns zu unserem vorbildlichen Verkehrsverhalten zu beglückwünschen. Wenn uns das Finanzamt eine Betriebsprüfung ins Haus schickt, dann sicher nicht, um unsere tadellose Buchführung zu loben. Nein, das Gesetz klagt an, deckt auf, bestraft. Richtig verstanden, erfüllt das Gesetz im christlichen Leben wie auch in der menschlichen Gesellschaft eine wichtige Aufgabe. Als «Ehepartner» jedoch hat es mißbrauchenden Charakter.

Das Gesetz ist auch insofern ein Mißbraucher, als es keine «mildernden Umstände» kennt. Schließlich geschieht es oft genug, daß wir aus Schwachheit oder Versehen zu Übertretern werden. Doch das ist diesem Partner egal. Er besteht darauf: Wenn wir das Gesetz gebrochen haben, müssen wir bestraft werden. Doch es kommt noch schlimmer. Es stellt sich nämlich heraus, daß dieser kalte, unpersönliche Ehepartner tatsächlich immer recht hat – und wir immer unrecht. Appelle oder Verhandlungen haben von vornherein keine Aussicht auf Erfolg.

Die größte Tragik unserer «Ehe mit dem Gesetz» besteht darin, daß es unsterblich ist. Auf den Tod des Gesetzes zu hoffen ist aussichtslos. Es bleibt uns als einzige Hoffnung also nur unser eigener Tod. Die Gute Nachricht von Jesus Christus besagt, daß durch ihn genau das geschehen ist: «Oder wißt ihr nicht, daß alle, die wir auf Christus Jesus getauft sind, die sind in seinen Tod getauft?» (Röm 6,3). «Also seid auch ihr, meine Brüder, dem Gesetz getötet durch den Leib Christi» (Röm 7,4).

Da eine Ehe aufgrund des Todes eines der beiden Partner für null und nichtig erklärt wird, bedeutet dies, daß unsere «Ehe mit dem Gesetz» aufgehoben wurde. Wenn wir diese befreiende Wahrheit erst einmal richtig begriffen haben, verliert das Gesetz als mißbrauchende Kraft seine Macht, und wir sind in die Freiheit entlassen. Gleichzeitig betreten wir den Weg unserer Wiederherstellung, wenn wir Leitern widerstehen, die das Gesetz manipulativ handhaben. Dies bedeutet nicht, daß diese Freiheit von einem auf den anderen Moment in vollem Umfang wirksam wird. Es gibt alte Gewohnheiten, die sich nicht so leicht ablegen lassen, und zu ihnen gehören auch Scham und die Anfälligkeit für Manipulation.

Ein legalistischer Gebrauch des Gesetzes ist, wie jede weitere neue Vorschrift («Du darfst dieses nicht und jenes nicht!»), gewissermaßen ein Bastard, also ein «unehelicher Abkömmling» des heiligen göttlichen Gesetzes, der uns von Gott wegtreibt. «Gesetzlichkeit hindert uns daran, Gott nachzufolgen. Eine Gesetzlichkeit, die behauptet, das Kreuz sei nicht ausreichend, ist ein ‹anderes Evangelium›.»[6] Der Legalismus ist die wichtigste Last, die Jesus uns abnehmen möchte.

Gewissenskonflikte

1967 wurde ich zum Militärdienst in die US-Army einberufen. Als junger Rekrut war ich zwei Jahre lang einem jeden Dienstgrad untergeordnet, der rangmäßig über mir stand. Im Jahre 1969 wurde ich entlassen, mußte jedoch noch zwei Tage in der Kaserne zubringen, weil ich auf eine Mitfahrgelegenheit nach Hause wartete. Ich war in jenen zwei Tagen ein freier Mensch und unterstand nicht mehr der Befehlsgewalt meiner Vorgesetzten. Doch ich hatte mich in den vorangegangenen zwei Jahren derart an die militärische Hierarchie gewöhnt, daß ich gefühlsmäßig noch immer vor den Vorgesetzten Respekt hatte.

Viele Christen behaupten, die befreiende Botschaft des Evangeliums gehört und verstanden zu haben. Doch wenn sie sich in ihren Taten so verhalten, als unterstünden sie noch immer dem Gesetz, müssen wir davon ausgehen, daß die Frohe Botschaft noch nicht wirklich von ihnen Besitz ergriffen hat. Es scheint für einige Menschen eine Zeitlang zu dauern, bis das Evangelium wirklich in die tiefsten Tiefen ihres Wesens eingedrungen ist. Alles, was wir dagegen tun können, ist eine ständige Betonung der Tatsache, daß wir für das Gesetz tot sind und es daher keine Macht mehr über uns hat. Vielleicht hilft es, sich die Radikalität der Vergebung durch Christus immer wieder vor Augen zu halten, indem man die wichtigsten Verse, die dies zum Ausdruck bringen, betend überdenkt.

Ein Großteil der mißbrauchenden Macht des Gesetzes hängt mit der Natur unseres Gewissens zusammen. Das Gewissen ist eine innere Stimme, die unsere Handlungen und Beweggründe kritisch beurteilt. Das Gewissen lobt uns für das, was wir für richtig halten, und verdammt uns für das, was wir für falsch halten. Beachten Sie bitte, daß ich formuliert habe: für richtig oder falsch *halten*. Das Gewissen funktioniert in gewisser Weise wie ein Computer, der mit den moralischen Werten unserer Kultur programmiert wurde. Wenn wir das Gewissen mit der Wahrheit füttern, wird es uns der Wahrheit gemäß beurteilen. In diesem Fall ist es ein ausgesprochen hilfreiches Instrument, sozusagen eine moralische Instanz. Wenn wir es jedoch mit Lügen füttern, wird es uns auf der Grundlage der Lügen beurteilen. Jeder Computerexperte weiß, daß der «Input» den «Output» bestimmt. Wer seinen Computer mit Müll füttert, wird als Ergebnis Müll bekommen («Garbage in, garbage out»). Insofern sollten wir unserem Gewissen nicht blind vertrauen.

Ein Mensch, der schamorientiert geprägt ist, wird sein Gewissen immer als eine offene Wunde empfinden. Solche Menschen sind der Ansicht, daß sie grundsätzlich «alles falsch machen», und spüren die sie verklagende Stimme des Gewissens bei der kleinsten Kleinigkeit. Ein geübter Mißbraucher im geistlichen Amt hat es nicht schwer, solchen Leuten mit Hilfe seiner rigorosen Vorschriften von dem, was ein Christ darf und was nicht, das Leben zur Last zu machen. Wer ein verwundbares, schamorientiertes Gewissen hat, wird noch mehr daran leiden, wenn er eine religiöse Last nach der anderen aufgebürdet bekommt.

Der mißbrauchende Leiter, der ja genau weiß, wie verletzliche Menschen zu packen sind, wird nun sagen (oder ungesagt unterstellen), daß die Stimme des Gewissens mit der Stimme des Heiligen Geistes identisch sei und daß man sein schlechtes Gewissen nur loswerden könne, wenn man sich anstrengt, alle Gesetze einzuhalten. Wenn ein Leiter behauptet, «mangelnde

Unterordnung» sei unser Problem, so geben wir uns redlich Mühe, gehorsamer zu sein. Hält er uns vor, wir beteten zuwenig, so beten wir häufiger. Heißt es, wir müßten mehr Geld spenden, spenden wir mehr. Sinn und Zweck der Übung ist stets, daß ein mißbrauchender Leiter seine Leute dazu bringt, das zu tun, was er will. Doch es ist eine Lüge, daß ein Mensch seiner Gewissensnot durch Anstrengung entgehen kann. Es ist das alte Motto «Zuckerbrot und Peitsche». Das Zuckerbrot ist das Versprechen des Leiters, zum inneren Frieden zu gelangen. Die Peitsche, die ständig über uns schwebt, ist unser Gewissen, das sich nicht beruhigen läßt.

Es gibt natürlich auch Menschen, die für solche Methoden nicht empfänglich sind. Da sind zum einen die «Abgebrühten», die ein «Brandmal in ihrem Gewissen haben» (1. Tim 4,2). Das Brandeisen der fortgesetzten Heuchelei hat diese Menschen gegen den Stachel ihres Gewissens immun gemacht.

Die anderen sind die, die wie Hiob nicht davon zu überzeugen sind, daß sie etwas falsch gemacht haben. Hiob war, wie es in Hiob 1,1 heißt, «fromm und rechtschaffen, gottesfürchtig und mied das Böse». Den Anklagen seiner «Freunde» konnte er entgegenhalten:

> «Das sei ferne von mir, daß ich euch recht gebe; bis mein Ende kommt, will ich nicht weichen von meiner Unschuld. An meiner Gerechtigkeit halte ich fest und lasse sie nicht; mein Gewissen beißt mich nicht wegen eines meiner Tage» (Hiob 27,5–6).

Wer nicht die Überzeugung eines Hiob von seiner eigenen Unschuld besitzt, muß andere Wege finden, um der anklagenden Stimme seines Gewissens zu begegnen und denen gegenüberzutreten, die ihn manipulieren wollen. Der einzig mögliche «andere Weg» besteht darin, den Tod Christi für sich persönlich zu beanspruchen und in der Verbindung mit dem Herrn zu leben. Wer an Christus gläubig geworden ist, hat nicht nur an seinem Tod Anteil (wie wir noch sehen werden), sondern auch an seinem Leben. Als Christen warten wir nicht nur auf eine Auferstehung nach dem Tod. Wir dürfen uns schon in diesem

Leben über das freuen, was Christus für uns durch sein Erdenleben erworben hat (Röm 5,17).

Durch die Sünde unseres gemeinsamen Vorfahren, des ersten Adam, kamen Schuld, Scham und der Tod in diese Welt. Jeder Nachkomme Adams hat Anteil an der Schuld des ersten Menschen und unterliegt dem göttlichen Gericht. Es heißt in der Bibel, daß «in Adam» alle Menschen gestorben sind (1. Kor 15,22). Der letzte Adam jedoch, Jesus Christus, wurde von einer Jungfrau geboren und hatte keinen Anteil an der Sünde des ersten Adam. Er lebte in vollkommenem Gehorsam Gott gegenüber. Sein Leben hat die Auswirkungen des Ungehorsams des ersten Adam unwirksam und zunichte gemacht. «In Christus» werden wir nun, wie es in 1. Korinther 15,22 weiter heißt, «alle lebendig gemacht».

> «Und nicht verhält es sich mit der Gabe wie mit dem, was durch den einen Sünder geschehen ist. Denn das Urteil hat von dem Einen her zur Verdammnis geführt, die Gnade aber hilft aus vielen Sünden zur Gerechtigkeit. Denn wenn wegen der Sünde des Einen der Tod geherrscht hat durch den Einen, um wieviel mehr werden die, welche die Fülle der Gnade und der Gabe der Gerechtigkeit empfangen, herrschen im Leben durch den Einen, Jesus Christus» (Röm 5,16–17).

Die Sünde Adams verklagt uns alle – ausnahmslos. Doch der Gehorsam Christi macht diese Anklage zunichte. Er brachte die «Rechtfertigung». Wenn wir deshalb wissentlich «die Fülle der Gnade» und die «Gabe der Gerechtigkeit» annehmen, werden wir «herrschen durch den Einen, Jesus Christus».

Die «Rechtfertigung» (der Zustand der Gerechtigkeit in den Augen Gottes) ist ein Geschenk. Dieses Geschenk wird uns völlig unabhängig von unserer (guten oder schlechten) Leistung zuteil. Es ist abhängig allein von dem, was Christus für uns getan hat. «Gottes Gabe der Gerechtigkeit» bedeutet, daß uns das gerechte Leben Christi zugerechnet, also gewissermaßen «gutgeschrieben» wird – so, als hätten wir es selbst vollbracht. So, wie wir Anteil hatten an dem irdischen Dasein des ersten Adam, haben wir nun Anteil an dem irdischen Dasein des zweiten Adam.

Dies bedeutet unter anderem, daß wir zwar nicht immer gehorsam leben, Jesus es aber tat und daß sein Gehorsam an Stelle unseres Versagens tritt. Wir mögen nicht in rechter Weise beten, den Nächsten lieben, Gottesdienst feiern, vergeben oder leiden – doch was Christus getan hat, wird uns zugute gehalten. Man könnte sagen, die «Bestnoten» auf seinem «Zeugnis» ersetzen unsere schlechten Noten. « Christus ist des Gesetzes Ende; wer an den glaubt, der ist gerecht» (Röm 10,4). Von nun an darf uns niemand mehr das Gesetz vorhalten, um Schuld- oder Schamgefühle zu erzeugen. Denn es gibt «nun keine Verdammnis für die, die in Christus Jesus sind» (Röm 8,1).

Wenn wir dies wirklich begriffen haben, hat das Schamgefühl unseres Gewissens, welches uns anfällig machte für die manipulative Erzeugung von Schuldgefühlen, keine Macht mehr über uns. Natürlich werden wir weiterhin sündigen und täglich um Vergebung bitten. Aber wir werden dann nicht nur unsere Schuld und unser Versagen bekennen, sondern erkennen, daß auch unsere guten Seiten erlösungsbedürftig sind, denn es ist niemand unter uns vollkommen. Unsere Leistung, sei sie nun gut oder schlecht, hat nichts damit zu tun, ob Gott uns annimmt oder nicht. Wir werden entweder alle durch Christus errettet, oder wir gehen – unabhängig von Christus – alle verloren. Wer diese Gute Nachricht verstanden hat, ist ein für allemal von der zerstörerischen Kraft des schamerfüllten Gewissens erlöst.

Paulus ermahnt uns, «das Geheimnis des Glaubens mit reinem Gewissen zu bewahren» (vgl. 1. Tim 3,9). Wer die oben erläuterten grundlegenden Wahrheiten verstanden hat, wird sich tatsächlich eines reinen Gewissens freuen können. Ein gutes Gewissen ist das Geschenk Gottes an die, die Jesus nachfolgen, und dient ihnen als Zeichen dafür, daß sie zur geistlichen Reife gelangt sind. Menschen, die begriffen haben, daß sie mit Christus verbunden sind, haben, wie David Seamands es einmal ausdrückte, «im Glauben die Vollkommenheit Christi empfangen, so daß diese Vollkommenheit nicht länger das Ergebnis vollkommener Leistung ist, sondern das Geschenk einer rechten Verbindung mit Gott».[7]

Dem Verkläger entgegentreten

Die wichtigste Waffe, die uns das Wort Gottes zur Heilung eines fehlgeleiteten Gewissens anbietet, ist das Blut Jesu Christi. In Offenbarung 12,10 nennt der Apostel Johannes den Teufel den «Verkläger unserer Brüder . . ., der sie verklagte Tag und Nacht». Diese Anschuldigungen erreichen uns vor allem auf dem Weg über unser Gewissen. Johannes betont, daß die einzige Möglichkeit, dem Verkläger zu begegnen, in dem vergossenen Blut Christi liegt. In der Heiligen Schrift hat Blut stets mit Sterben zu tun, meist mit einem gewaltsamen Tod. «Des Lammes Blut» (Offb 12,11), welches die Anklagen Satans überwinden kann, bezieht sich auf den Tod Christi am Kreuz. Nur wer die Auswirkungen dieses Todes verstanden hat, wird Satan und geistlichen Mißbrauchern im Amt auf effektive Weise begegnen können. Wie dies konkret geschieht, zeigt uns Paulus im Kolosserbrief:

> «Mit ihm seid ihr begraben worden durch die Taufe; mit ihm seid ihr auch auferstanden durch den Glauben aus der Kraft Gottes, der ihn auferweckt hat von den Toten. Und er hat euch mit ihm lebendig gemacht, die ihr tot wart in den Sünden und in der Unbeschnittenheit eures Fleisches, und hat uns vergeben alle Sünden. Er hat den Schuldbrief getilgt, der mit seinen Forderungen gegen uns war, und hat ihn weggetan und an das Kreuz geheftet. Er hat die Mächte und Gewalten ihrer Macht entkleidet und sie öffentlich zur Schau gestellt und hat einen Triumph aus ihnen gemacht in Christus» (Kol 2,12–15).

Paulus bringt in diesen Versen zum Ausdruck, daß wir durch den gewaltsamen Tod Christi auf eine zweifache Weise von der Anklage der Sünde befreit wurden: Zunächst, indem uns unsere Schuld vergeben wurde (Vers 13), aber auch insofern, als der Sünde ihre Grundlage entzogen wurde (Vers 14): Der Schuldbrief, der mit seinen Forderungen gegen uns stand (d. h. das uns anklagende Gesetz), wurde «ans Kreuz geheftet». Es ist also mehr geschehen als nur die Vergebung unserer Sünden: Die Sünde wurde einschließlich des sie definierenden Regelwerks zerstört. Dem Teufel ist somit jegliche Grundlage der Anklage genommen. Er hat kein Gesetz mehr, auf das er sich beziehen könnte, und ist deshalb machtlos geworden (Vers 15).

Das tragische Spiel, in dem leider allzu viele christliche Leiter eine Rolle spielen, besteht darin, daß sie, indem sie erneut das Gesetz predigen, den Teufel wieder bewaffnen und in seiner Anklage gegen ihre Brüder und Schwestern unterstützen. Was Jesus am Kreuz von Golgatha vollbrachte, wird durch die Gesetzlichkeit völlig auf den Kopf gestellt. Um es mit den Worten des Apostels Paulus aus dem Galaterbrief zu sagen: Wer wiederum unter das Gesetz kommt, kommt erneut unter die dämonischen Einflüsse, von denen er doch befreit wurde.

Welche praktischen Schritte können wir nun unternehmen, um gegenüber dem «Verkläger der Brüder» gewappnet zu sein? Wie können wir konkret dem teuflischen Mißbrauch unseres Gewissens mit Hilfe des Kreuzestodes Christi entgehen? Wenn wir etwas falsch gemacht haben (oder glauben, wir hätten etwas falsch gemacht), verdammt uns unser Gewissen und verlangt eine Form der «Bezahlung» oder Bestrafung. Unsere natürliche Reaktion besteht darin, das Gewissen zu beruhigen, indem wir entweder selbst den Part der Bestrafung übernehmen oder dafür sorgen, daß es jemand anders tut.

Die richtige Reaktion auf Schuld besteht jedoch darin, Gott um Vergebung zu bitten, den Mitmenschen, an dem wir uns versündigt haben, um Vergebung zu bitten und den Schaden, soweit es möglich ist, wiedergutzumachen. Wenn jedoch die Schuld nur imaginär ist und Satan und geistliche Mißbraucher uns durch ein vages, unspezifisches und nagendes Schuld- und Schamgefühl anklagen, besteht unsere einzige Chance darin, Zuflucht zu nehmen zum Blut Christi und unser Gewissen damit zu reinigen.

Es geht Satan und seinen kirchlichen Helfern immer darum,

uns in unserem Vertrauen auf das vergossene Blut Christi zu erschüttern. Statt dessen lenken sie unsere Aufmerksamkeit auf unsere eigenen Taten und gaukeln uns vor, eigene Leistung könne uns ein ruhiges Gewissen verschaffen. Das neunte und zehnte Kapitel des Hebräerbriefes machen deutlich, daß dies ein völlig sinnloses Unterfangen ist. Es ist dort von Gaben und Opfern die Rede, «die nicht im Gewissen vollkommen machen können den, der den Gottesdienst ausrichtet» (Hebr 9,9). Und wenn wir uns noch soviel Mühe geben, den Leitern «untertan» zu sein, «dem Ich abzusterben», treu zu beten und viel zu spenden: all das wird uns niemals ein ruhiges Gewissen verschaffen. Es handelt sich bei dieser Art von religiösen Leistungen um ein völlig vergebliches Tun oder, um es mit den Worten des Hebräerbriefes zu sagen, um «tote Werke».

Statt auf tote Werke zu vertrauen, sind wir dazu aufgerufen, unser Vertrauen in das Blut Jesu Christi zu setzen, «der sich selbst als Opfer ohne Fehl durch den ewigen Geist Gott dargebracht hat, unser Gewissen zu reinigen von den toten Werken, zu dienen dem lebendigen Gott» (Hebr 9,14).

Religiöse Leistung kann niemals Schuld lindern, denn was wir auch unternehmen: Unsere Vergehen werden wir dadurch nicht los. «Hätte nicht sonst das Opfern aufgehört, wenn die, die den Gottesdienst ausrichten, ein für allemal rein geworden wären und sich kein Gewissen mehr gemacht hätten über ihre Sünden?» (Hebr 10,2). Es ist vielmehr so, daß solche Opfer unsere Schuldgefühle noch verstärken. Es geschieht dadurch «alle Jahre nur eine Erinnerung an die Sünden. Denn es ist unmöglich, durch das Blut von Stieren und Böcken Sünden wegzunehmen» (Hebr 10,3–4). Die toten Werke versprechen uns zwar Freiheit von der Sünde, doch in Wirklichkeit erinnern sie uns an sie. Wer darum sagt, gute Taten könnten uns von unseren Scham- und Schuldgefühlen befreien, lügt. Solcherlei Lügen haben kurze Beine. Sie können niemals tragen, stützen oder Halt geben.

Der Schreiber des Hebräerbriefes legt darum großen Wert auf die Tatsache, daß nur das Blut Jesu Christi uns von Schuld und Scham (ob echt oder imaginär), die uns anfällig machen für geistlichen Mißbrauch, befreien kann. Wir sollten darum alle Selbsterlösungsversuche hinter uns lassen. Nicht aus eigener Kraft können wir annehmbar werden in den Augen Gottes und der Menschen, sondern nur, indem wir «hinzutreten mit wahrhaftigem Herzen in vollkommenem Glauben, besprengt in unsern Herzen und los von dem bösen Gewissen und gewaschen am Leib mit reinem Wasser» (Hebr 10,22).

Paulus sagt es ganz kraß: «Ich werfe nicht weg die Gnade Gottes; denn wenn die Gerechtigkeit durch das Gesetz kommt, so ist Christus vergeblich gestorben» (Gal 2,21). Wenn wir selbst für unsere Schuld sühnen könnten, bräuchten wir keinen Heiland, der sein Blut für uns vergießen mußte. Und weil er es vergossen hat, brauchen wir nicht länger für die Schuld zu leiden, für die er doch gelitten hat.

Was bedeutet das praktisch? Wenn Satan oder ein geistlicher Mißbraucher uns auf dem Weg über unser Gewissen verklagt, sollten wir auf jegliche Diskussion verzichten. Wir sollten dem Ankläger insofern Recht geben, als wir Strafe tatsächlich verdient haben. Dann sollten wir im vollen Vertrauen auf Christus unser Gewissen mit dem vergossenen Blut Christi wappnen. Er ist das «Lamm Gottes», das für uns gestorben ist. Das Gewissen besteht darauf, daß Schuld Strafe nach sich ziehen muß. Doch das Evangelium sagt: Die Strafe ist erfolgt; Christus hat sie getragen. Um mit Martin Luther zu sprechen: «Glaube deinem Gewissen und deinen Gefühlen doch nicht mehr als dem Wort, das der Herr, der die Sünder annimmt, uns predigt.»

Was tun?

Vielleicht haben Sie, nachdem Sie dieses Buch gelesen haben, den Eindruck, daß Ihre Kirche oder Gemeinde einige Probleme hat, jedoch keinen Mißbrauch im eigentlichen Sinne betreibt: Die Probleme beruhen vielmehr auf Schwierigkeiten im sozialen Miteinander, nicht jedoch auf einer Diktatur der Leiterschaft.

Vielleicht sind Sie aber auch zu dem Schluß gekommen, daß Ihre Gemeinde in der Tat geistlichen Mißbrauch betreibt.

Dann müssen Sie sich entscheiden, ob Sie bleiben und sich für eine Veränderung einsetzen wollen.

Vielleicht sind Sie noch unsicher. Ihre Gemeinde zeigt einige Anzeichen geistlichen Mißbrauchs, erfüllt jedoch nicht alle Kriterien einer signifikant mißbrauchenden Gemeinde. Es gibt vielmehr bestimmte Vorzüge, die die Nachteile ausgleichen.

Um Ihnen dabei zu helfen, Ihre Kirche oder Gemeinde objektiv zu beurteilen, möchte ich noch einmal kurz die Kennzeichen einer mißbrauchenden Religiosität, so wie sie Jesus in Matthäus 23 erläutert hat, zusammenfassen:

1. Geistliche Mißbraucher gründen ihre Autorität auf ihre Position (ihr Amt) und nicht auf ihren Dienst für die Gemeinde. Sie pflegen einen autoritären Stil.
2. Leiter, die geistlichen Mißbrauch betreiben, sagen das eine und tun das andere, d. h. ihre Worte und Taten stimmen nicht überein.
3. Sie manipulieren die Menschen, indem sie ihnen den Eindruck vermitteln, sie müßten ständig noch mehr tun. Sie bürden ihnen Lasten auf, helfen dann aber nicht dabei, diese Lasten zu tragen. Geistlich mißbrauchende Leiterschaft erkennt man daran, daß sie einem das Christsein anstrengend macht.
4. Geistliche Mißbraucher sind auf ihr Ansehen bedacht. Es geht ihnen nichts über eine gute äußere Fassade. Kritik wird unterdrückt.
5. Mißbrauchende Leiter suchen Ehrentitel und besondere Privilegien, die sie über den «Durchschnitt» der Gruppe erheben. Sie verfechten ein Klassensystem und stellen sich selbst an dessen Spitze.
6. Die Kommunikation mit der Gemeinde geschieht auf Umwegen. Geistliche Mißbraucher sprechen in vagen, verwirrenden Worten, die in erster Linie der Selbstverteidigung und dem Schutz vor fremder Kritik gelten.
7. Sie nehmen Unwichtiges wichtig und vernachlässigen das wirklich Wichtige. Es geht ihnen weniger um Gottes Willen als um die Einhaltung bestimmter Vorschriften.

Wenn Ihre Kirche oder Gemeinde mehrere dieser Kennzeichen aufweist, ist sie in hohem Grade mißbrauchend. Es muß also etwas geschehen. Vielleicht möchten Sie trotz allem ausharren und für Besserung kämpfen. Bedenken Sie aber, daß viele religiöse Gruppierungen, in denen geistlicher Mißbrauch betrieben wird, nicht auf konstruktive Kritik reagieren. Sie haben eine Mauer um sich herum errichtet. Bedenken Sie auch: Geistlicher Mißbrauch geschieht nicht aus Versehen oder weil man es nicht besser wüßte. Geistlicher Mißbrauch ist das Ergebnis von Machtgier.

Das Verlassen der Gruppe mag darum Ihre einzig mögliche Option sein. Leicht ist es keinesfalls.

Ein wichtiger Indikator dafür, wie mißbrauchend eine Gruppe ist, liegt darin, wie intensiv sie ihre Leute zu halten versucht. Jesus hat es seinen Nachfolgern immer leicht gemacht, ihn zu verlassen. Die Hintertür stand gewissermaßen immer offen (vgl. Joh 6,66–71). Ein Leiter in der Nachfolge Jesu wird es den Menschen ebenfalls leicht machen zu gehen, wenn sie dies vorziehen. Mißbraucher hingegen legen Menschen, die die Gruppe verlassen wollen, jedes mögliche Hindernis in den Weg.

Falls Sie noch zweifeln, sollten Sie einmal überlegen, ob nicht auch Jesus gefordert hat, die Phariäer – «blinde Blindenführer», wie er sie nannte – zu verlassen und ihnen nicht länger zu trauen. Fragen Sie sich, ob Sie es sich wirklich leisten können, Zeit, Energie und Geld in eine Gruppe zu investieren, von der Sie wissen, daß sie letztlich destruktiv wirkt. Mehr noch: Können Sie es Ihrer Familie gegenüber verantworten, sie weiterhin dem Gift des geistlichen Mißbrauchs auszusetzen?

Wahre Liebe gegenüber geistlichen Mißbrauchern kann gelegentlich so aussehen, daß wir uns entschließen, sie zu verlassen. Das Beste, was wir für eine mißbrauchende Gemeinde tun können, kann «aktive Sterbehilfe» sein.

Wenn Sie sich dazu entschlossen haben, eine solche Kirche oder Gemeinde zu verlassen, werden Sie möglicherweise durch eine Phase des Zorns, der Depression, vielleicht sogar der Verzweiflung gehen. Diese Reaktion ist vollkommen normal. Nehmen Sie sich Zeit für den Heilungsprozeß! Und wappnen Sie sich auch gegen irgendwelche Ruckzuck-Verfahren «im Namen Jesu», mit denen Ihnen wohlmeinende Freunde diese Phase verkürzen wollen.

Wären Sie von einem Bus überfahren worden, bräuchten Sie auch eine gewisse Weile, um im Krankenhaus wieder gesund zu werden. Nun ist auf der seelischen Ebene etwas fast ebenso Ernstes mit Ihnen geschehen. Sie brauchen Zeit – Zeit, um innerlich zu gesunden.

Schließlich: Widerstehen Sie der Versuchung, der christlichen Kirche ein für allemal den Rücken zu kehren. Es gibt nämlich immer noch mehr gute als schlechte Gemeinden! Suchen Sie eine neue Gemeinde, in der Sie herzlich aufgenommen werden und die Geschichte Ihres Mißbrauchs erzählen können. Geben Sie die Kirche niemals auf. Gott tut es auch nicht!

Das Feuer des Gerichts

Als ich fünf Jahre alt war, stand ich einmal mit meinem Großvater zusammen auf einem riesigen Feld, das reif war zur Ernte. Da es überall sehr trocken war, erklärte mir mein Großvater, was ich zu tun hätte, wenn durch die starke Sonneneinstrahlung auf dem Feld ein Brand entstünde (das war bereits mehrmals vorgekommen). «Du darfst unter keinen Umständen weglaufen», sagte er mir. «Ein vom Wind getriebenes Feuer ist schneller als der schnellste Läufer. Zünde da, wo du stehst, selbst ein Feuer an. Wenn eine genügend große Fläche abgebrannt ist, stellst du dich mitten hinein. Feuer geht niemals dorthin, wo schon einmal Feuer gewesen ist!»

Das Feuer des göttlichen Gerichts, die furchtbare Strafe für die Sünde, ist über Jesus Christus hinweggegangen. Diejenigen, die ihm vertrauen, brauchen deshalb keine Angst vor diesem Feuer zu haben. Feuer geht niemals dorthin, wo schon einmal Feuer war.

Wenn wir diese Tatsache begreifen und uns fest an dieses Evangelium halten, können wir immerzu ein gutes Gewissen haben. Im Laufe der Zeit werden die Anklagen des Teufels und der geistlichen Mißbraucher ihre manipulative Kraft über uns verlieren. Wir dagegen werden wieder fröhlich und spontan leben können.

Diese neue Freiheit wird dann noch von einer weiteren Freiheit begleitet werden: der Freiheit von aller Bitterkeit denen gegenüber, die uns in der Vergangenheit mißbraucht haben. Unsere Freiheit in Christus wird so tiefreichend und radikal sein, daß wir unseren Nächsten aus seiner Schuld entlassen können.

Die Last der Bitterkeit im Herzen zerstört nämlich jeglichen Frieden; sie zersetzt Freude, Freiheit, ja das Leben selbst. Bitterkeit macht uns zu seelischen Krüppeln und Sklaven, und schließlich werden wir für das Reich Gottes unbrauchbar. Und genau darum geht es dem Feind (was wohl auch der Hauptgrund dafür ist, daß ihm am geistlichen Mißbrauch der Christen gelegen ist!). Wie viele Menschen sind lahm geworden, nur weil sie über irgendeinen geistlichen Mißbrauch verbittert sind! Die Vergebung jedoch öffnet uns die Tür zu neuer geistlicher Vitalität.

Jesus kam nicht nur, um uns von der Last der kirchlichen Mißbraucher zu befreien, sondern auch, um uns einen Ausweg aus der Bitterkeit zu zeigen. Er hat auf vollkommene Weise vergeben, und seine vergebende Kraft wohnt in uns. Es mag uns schwerfallen, denjenigen, die uns verletzt haben, von Herzen zu vergeben. Aber die Kraft Jesu hilft uns dabei!

Der Wille zur Macht ist in jedem Menschen vorhanden. Im Christen jedoch wird er umgewandelt in einen Willen zum Dienst.

Donald Bloesch

Zwei Reiche wurden errichtet von zwei Arten der Liebe ... In dem einen werden die Fürsten und Nationen, die ihm unterstehen, von der Liebe zum Regieren regiert, in dem anderen dienen die Fürsten und Untertanen einander in Liebe.

Augustinus

Ihr wißt, daß die Herrscher ihre Völker niederhalten und die Mächtigen ihnen Gewalt antun. So soll es nicht sein unter euch.

Jesus Christus (Mt 20,25)

Nicht daß wir Herren wären über euren Glauben, sondern wir sind Gehilfen eurer Freude.

Paulus (2. Kor 1,24)

Kapitel 9

Leiterschaft nach biblischem Vorbild

In den ersten Kapiteln dieses Buches erkannten wir, wie Jesus Christus geistlichen Mißbrauch im Amt definierte und warum er ihn verwarf. Die von Jesus angewandten Beurteilungsmaßstäbe sollen uns dabei helfen zu formulieren, was eine gute Leiterschaft ausmacht:

Schlechte, mißbrauchende Leiter gründen ihre Autorität auf ein Amt oder eine Position (Mt 23,2.7). Gute Leiter hingegen lehnen Ehrentitel und -ämter ab. Ihnen geht es darum, dem Volk Gottes zu dienen. Der Leiter, der sein Amt als Dienst versteht, übt einen nicht-mißbrauchenden, guten Einfluß aus.

Mißbrauchende Leiter üben Druck aus. Sie manipulieren die Gemeindemitglieder, indem sie ihnen schwere Lasten aufbürden (Mt 23,4). Nach ihrem Gutdünken stellen sie Gesetze und Regeln auf, um die Herrschaft über die ihnen Untergebenen zu erhalten. Nicht-mißbrauchende Leiter dagegen nehmen ihren Mitmenschen die Lasten ab und weisen sie auf Jesus hin, der gekommen ist, um den Menschen Ruhe zu verschaffen, und der ihnen ein Joch anbietet, das leicht ist (Mt 11,28–30).

Mißbrauchern im Amt geht es um ihr Ansehen, ihr «Image» (Mt 23,5). Sie tun das, was sie tun, um bei den Menschen anzukommen und etwas zu gelten. Sie nehmen Ehrentitel an, verlangen Sonderbehandlungen und sind der Ansicht, daß für sie andere Regeln gelten als für das «gemeine Volk» (Mt 23,6–7). Sie tun nach außen hin so, als seien sie tief geistlich, sind jedoch innerlich geistlich tot. Sprache dient ihnen dazu, sich selbst über andere zu erheben. Sie wollen wie Männer und Frauen Gottes scheinen, statt Männer und Frauen Gottes zu sein (Mt 23,16–22). Gesunden Leitern hingegen ist ihr «Image» egal.

Sie leben einen einfachen und transparenten Lebensstil. Sie sagen, was sie meinen, und meinen, was sie sagen (Mt 5,37).

Mißbraucher im Amt stellen geistliche Grundsätze auf den Kopf. Unwichtiges wird wichtig, während die eigentlichen Bedürfnisse der Menschen geringgeachtet werden. Das religiöse «Protokoll» (Programm) ist wichtig; Gerechtigkeit und Barmherzigkeit hingegen werden vernachlässigt (Mt 23,23–24). Nicht-mißbrauchende Leiter dagegen werden menschliche Bedürfnisse immer höher stellen als «religiös korrektes» Verhalten. Ihnen ist nur das Wichtige wichtig (Mt 12,9–13).

Mißbraucher im Amt schlagen ihren Mitmenschen die Tür zum Reich Gottes vor der Nase zu (Mt 23,13), indem sie das Erlösungswerk Christi abstreiten oder darauf bestehen, daß es etwas kostet. Gute Leiter hingegen öffnen die Tür zum Reich Gottes weit und predigen den freien Eintritt aufgrund der Gnade, die unser König hat walten lassen.

Wer einen mißbrauchenden Leitungsstil kultiviert, tut dies oft aufgrund persönlicher Defizite. Die meisten diktatorischen Leiter fühlen sich unsicher und minderwertig. Da sie leicht Bedrohungen wittern, versuchen sie, um sich herum eine Sicherheitszone zu errichten und andere zu beherrschen. Heile Leiter wissen, daß Vergebung nichts kostet. Sie strahlen Annahme und Mitgefühl aus, lieben ihre Mitmenschen so, wie sie sind, und dienen ihnen in innerer Stärke.

Einige Mißbraucher im Amt benutzen ihre Mitmenschen zur Verwirklichung ihrer eigenen, egoistischen Ziele. Sie wollen groß herauskommen und brauchen dazu andere Menschen. Nicht-mißbrauchende Leiter sehen ihr Lebensziel darin, Gott zu gehorchen und für andere dazusein. Sie sind keine Helden – und sollten sie es doch einmal sein, dann nur in der Kraft Gottes. Jeder Status ist Nebenprodukt.

Lassen Sie uns nun, nachdem uns die Kontrastierung positiver und negativer Eigenschaften dem Bild eines Leiters im gesunden, biblischen Sinne schon etwas näher gebracht hat, genauer ins Neue Testament schauen, um herauszufinden, wie dort ein guter Leiter beschrieben wird.

Was sagt das Neue Testament?

Viele von denen, die über das Problem «Leiterschaft im biblischen Sinne» nachdenken, sind erstaunt, wenn sie erst einmal herausgefunden haben, was das Neue Testament zu diesem Thema wirklich lehrt. Die Schreiber des Neuen Testaments gehen an dieses Thema nämlich äußerst entspannt heran. Ganz anders als uns, scheint ihnen wenig daran gelegen, zu bestimmen, wer das Sagen hat und wie die Entscheidungen in einer Gemeinde zu treffen sind. Zwar gibt es Aussagen zu diesem Thema, aber sie sind doch so interpretationsbedürftig, daß die verschiedenen Konfessionen und Denominationen zu ganz unterschiedlichen Ergebnissen kommen. Ob römisch-katholische Christen, Brüdergemeinden, Baptisten, Presbyterianer oder Pfingstler: sie alle haben dieselbe Bibel vor sich, und sie alle kommen zu ganz anderen Ergebnissen, was die Frage der Kirchen- oder Gemeindeleitung betrifft. Wir tun darum gut daran, vorsichtig zu sein mit der Behauptung, es gäbe eine «klare biblische Lehre» zu diesem Thema.

In der frühen Kirche waren die Leitungsstrukturen alles andere als klar abgegrenzt und definiert. Eines jedoch ist offensichtlich: Jede hierarchische Leitungsform wurde abgelehnt. In Matthäus 20,25 sagt Jesus zu seinen Jüngern: «Ihr wißt, daß die Herrscher ihre Völker niederhalten.» Dies ist ein klarer Hinweis auf die in der Welt vorherrschenden hierarchischen Strukturen: Es gibt die Herrschenden und die Beherrschten. Doch Jesus stellt klar: «So soll es nicht sein unter euch; sondern wer unter euch groß sein will, der sei euer Diener» (Mt 20,26). Mit anderen Worten: Größe im Reich Gottes ist nichts Schlechtes. Aber es soll eine Größe sein, die sich aus dem Dasein für andere ergibt.

Auch Jesus war ein geistlicher Führer. Er scharte eine Gruppe von Jüngern um sich und diente ihnen. Er wusch ihnen sogar die Füße, und später gab er sein Leben für sie. Sein Verhalten war geradezu revolutionär: Der Meister dient den Schülern. Es gibt keine andere politische oder religiöse Persönlichkeit, die das getan hat.

Die Apostelgeschichte und die Briefe des Neuen Testaments zeigen, daß sich die frühe Kirche noch an die auf Gleichheit gerichteten Ideale ihres Gründers hielt. Die Leiter lebten mitten unter dem Volk und zeichneten sich durch ihre Dienstbereitschaft aus. Erst im Lauf der Zeit bildeten sich in der Kirche wieder hierarchische Strukturen, gegen die sich Jesus so deutlich ausgesprochen hatte. Der Maßstab der Welt – das Herrschen über andere – wurde leider auch wieder zum Maßstab der Kirche.

Kirchliche Hierarchien beruhen (damals wie heute) auf einer klaren Trennung von Geistlichkeit und Laientum. Die Geistlichen und die Laien leben gewissermaßen in verschiedenen Welten. Es gelten für sie auch jeweils andere Regeln. Geistliche genießen besondere Privilegien, genügen anderen Erwartungen und werden in ihrem Verhalten an anderen Maßstäben gemessen.

Viele Pastoren und Geistliche betrachten sich als Menschen, die einen besonderen Zugang zu Gott haben. Daraufhin angesprochen, würden sie eine solche «Unterstellung» natürlich zurückweisen. Doch die Taten sprechen deutlicher als die Worte. Man läßt zwar Laien mitarbeiten und damit «dienen». Die eigentlichen «Dienste» jedoch sind den Leitern vorbehalten und werden von ihnen oft eifersüchtig gehütet oder vehement verteidigt.

Die Unterscheidung zwischen Geistlichen und Laien ermöglicht es den Leitern, Macht zu gewinnen und die ihnen Untergebenen zu manipulieren und zu beherrschen. Ohne die Trennungslinie zwischen Pastor (Geistlicher) und Gemeinde (Laien) wäre geistlicher Mißbrauch kaum möglich.

Einer meiner Bekannten hatte davon gehört, daß ich an einem Buch über geistlichen Mißbrauch arbeitete. Als Illustrationsmaterial schickte er mir die Satzung einer Gemeinde im Mittleren Westen der Vereinigten Staaten. Unter der Überschrift «Grundlagen der Kirchenordnung» heißt es dort: «Die Beziehung zwischen Pastor und Gemeinde ist keine Beziehung zwischen zwei gleichberechtigten Partnern, sondern dem Pastor ist Autorität verliehen worden. Er steht den Gemeindemitgliedern in derselben Weise vor wie ein Hirte seinen Schafen, ein Vater seinen Kindern oder ein König seinen Untertanen.»

Wäre diese Unterscheidung zwischen Leiter und Geleiteten erst einmal aufgehoben, wäre dem geistlichen Mißbrauch sein wichtigster Nährboden entzogen. Eine solche Aufhebung der Klassenunterschiede wird am sinnvollsten und effektivsten durch ein Studium der neutestamentlichen Texte geschehen. Wer diese Texte für sich selbst sprechen läßt, wird nicht umhinkommen anzuerkennen, daß den ersten Christen jede Form von Hierarchie fremd war.

Gleichheit im Geist

Die Abwesenheit jeglicher hierarchischer Strukturen im Neuen Testament stellt nicht nur eine Abgrenzung von der Welt dar, sondern unterscheidet sich auch von der Organisationsstruktur des Volkes Gottes im Alten Testament. Im Alten Bund nämlich war das Volk Gottes in der Tat hierarchisch strukturiert. Ganz oben standen die Leiter, Männer Gottes: Propheten, Priester, Könige usw. Diese Leiter waren abseits vom Volk, hatten eigene Gesetze, Privilegien und Erwartungen. Was diese Männer auszeichnete, war eine Salbung durch den Heiligen Geist. Die meisten Heiligen in alttestamentlichen Zeiten besaßen den Heiligen Geist nämlich nicht. Er war einigen ausgewählten, älteren männlichen Personen vorbehalten. Sie waren als Leiter vom Volk abgesondert worden.

Am Tag des Pfingstfestes wurde die Unterscheidung des Alten Bundes in Geistliche und Laien aufgelöst und der Heilige Geist auf das gesamte Volk Gottes ausgegossen. Dieses Ereignis war vom Propheten Joel vorausgesagt worden (3,1–2), und es war der Apostel Petrus, der als erster erkannte, daß sich an diesem Tag vor seinen Augen und Ohren die Erfüllung der alten Prophezeiung abspielte:

> «Und es soll geschehen in den letzten Tagen, spricht Gott, da will ich ausgießen von meinem Geist auf alles Fleisch; und eure Söhne und eure Töchter sollen weissagen, und eure

Jünglinge sollen Gesichte sehen, und eure Alten sollen Träume haben; und auf meine Knechte und auf meine Mägde will ich in jenen Tagen von meinem Geist ausgießen, und sie sollen weissagen» (Apg 2,17–18).

Im Alten Bund war es den gesalbten Propheten vorbehalten zu weissagen, doch im Neuen Bund ist diese Einschränkung aufgehoben. Jetzt haben alle Gläubigen den Heiligen Geist, und es können somit auch alle Gläubigen weissagen.

Diese gemeinschaftliche Erfahrung des Heiligen Geistes bedeutet auch, daß alle weiteren Unterschiede, auf die sich Hierarchien stützen könnten, abgeschafft sind. Nicht nur die Alten dürfen leiten, ncin, auch die Jungen. Nicht nur die Juden werden Worte Gottes aussprechen, auch die Heiden. Nicht nur Männer dürfen ins geistliche Amt, auch Frauen. Vor diesem Hintergrund wird auch die radikale Aussage des Apostels Paulus in Galater 3,28 verständlich: «Hier ist nicht Jude noch Grieche, hier ist nicht Sklave noch Freier, hier ist nicht Mann noch Frau; denn ihr seid allesamt einer in Christus Jesus.» Alle hierarchischen Strukturen sind abgeschafft; durch den empfangenen Geist sind alle Christen zu einer Einheit zusammengefügt worden (Eph 4,4–6).

Leitungsfunktionen und -ämter werden im Neuen Testament weder weitervererbt, noch bleiben sie irgendwelchen besonderen Klassen vorbehalten. Das Dienstverständnis ist nicht länger hierarchisch, sondern charismatisch, d. h. gabenorientiert. Der Heilige Geist des Neuen Testaments ist der Geist, von dem Joel geweissagt hat, ein Geist, der Dienst- und Leitungsfunktionen nach seinem freien Ermessen zuteilt. Der Geist unterscheidet nicht nach Alter, Rasse, Geschlecht oder Rang. Er gibt die Gaben, wem er will, und er gibt sie zum Besten der Allgemeinheit (1. Kor 12,7–11). Leitung ist nun nicht länger ein Statussymbol, sondern Zeichen der Dienstbereitschaft. Deshalb finden sich in den Briefen des Paulus auch immer wieder Formulierungen wie: «Wir haben unter (!) euch gearbeitet.»

Daß es in den von Paulus gegründeten Gemeinden keine

Hierarchien gab, zeigt sich auch darin, wie der Apostel seine Briefe an diese Gemeinden formuliert. Es fällt zunächst auf, daß er sie nicht an die Gemeindeleitung adressiert, sondern immer an die ganze Gemeinde. So schreibt Paulus, wenn er Änderungen im Gottesdienst anweist, auch nicht an den entsprechenden Verantwortlichen, sondern an die Gemeinde. Wenn er ein seelsorgerliches Problem behandelt, nimmt er nicht den Weg über den Pastor, sondern wendet sich direkt an die Menschen. Wenn es ihm um verwaltungstechnische Fragen geht, spricht er nicht zu den Verwaltern, sondern zur gesamten Gemeinde. Niemals wählt Paulus eine besondere Geistlichkeit aus, die er für die innerkirchlichen Zustände verantwortlich macht und von der er die Ausführung seiner apostolischen Anweisungen verlangt.

Wenn der Apostel über die besonderen Geistesgaben innerhalb des Leibes Christi spricht (zu denen auch die Gabe der Leiterschaft gehört), fordert er stets absolute Gleichheit zwischen den einzelnen Christen (1. Kor 12,12–26). Und wenn er sich an diejenigen wendet, die tatsächlich die Gabe der Leitung haben (Apostel und Propheten, wie er sie nennt), so bezeichnet er sie als Diener, von denen «die Heiligen zugerüstet werden», und nicht als Aufseher, die Herrschaft ausüben (Eph 4,11–13).

Ordnung ohne Hierarchie

Auffällig ist, wie fremd dem Neuen Testament jegliche hierarchische Sprache ist. Das gilt auch für Stellen, an denen man eine solche Begrifflichkeit noch am ehesten erwarten würde. Wenn es jemals die Möglichkeit für die herrschende «geistliche Klasse» gab, sich hervorzutun und das Heft in die Hand zu nehmen, dann doch bei solchen Gelegenheiten, in denen es um die Bestrafung eines schweren moralischen Vergehens geht. Doch «Gemeindezucht» wird im Neuen Testament immer als ein Unternehmen der gesamten Versammlung und nie als Aufgabe der Leitung allein gesehen.

Die Magna Charta christlicher Gemeindezucht findet sich in Matthäus 18,15–18, wo es heißt: «Sündigt aber dein Bruder an dir, so geh hin und weise ihn zurecht zwischen dir und ihm allein.» Das heißt doch: Die autoritative Verantwortung, Gemeindezucht zu üben, ist demjenigen übertragen worden, dem die Sünde bei seinem Mitchristen zuerst auffällt. Das Hinweisen auf Schuld ist also keinesfalls Aufgabe der Leitung, sondern Aufgabe des Volkes Gottes als Ganzes. Wer Aufgaben der Gemeindezucht an die Gemeindeleitung delegiert, hält an einer falschen Unterscheidung zwischen Geistlichkeit und Laientum fest.[1]

Genau wie Jesus sieht auch Paulus die Zurechtweisung eines Gemeindemitglieds als Aufgabe der gesamten Gemeinde an. Zweimal weist er die Korinther auf eine schwerwiegende Übertretung der göttlichen Gebote hin, doch beide Male spricht er zu der gesamten Gemeinde und nicht zu den Leitern (1. Kor 5,1–13; 6,1–11). Er verzichtet bewußt darauf, die Übertreter in seiner Funktion als Apostel und Gemeindegründer zurechtzuweisen. Vielmehr klagt er die Gesamtgemeinde an, daß eine solche Form der Übertretung in ihren Reihen überhaupt möglich werden konnte.

So erwähnt Paulus im fünften Kapitel des Korintherbriefes weder den Mann, der gesündigt hat, noch die betroffene Frau. Im Fall des Rechtsstreits im sechsten Kapitel wendet sich Paulus erst dann an Kläger und Beklagten, nachdem er die komplette Gemeinde getadelt hat. Es ist also festzustellen, daß im gesamten Neuen Testament hinsichtlich der Frage der Gemeindezucht niemals Leiter andere oder höhere Aufgaben zugewiesen bekommen als «normale Gemeindemitglieder».

Ebenso gilt, daß das Neue Testament keine besondere Kirchenordnung (oder Gemeindeverwaltungsform) verbindlich lehrt. Daß die Unterscheidung zwischen Klerus und Laien jedoch unbiblisch ist, steht außer Frage. Gordon Fee hat recht, wenn er zu diesem Thema feststellt: «Leitung wird im Neuen Testament niemals als eine Angelegenheit verstanden, die über den Menschen steht oder unabhängig von ihnen geschieht. Sie ist immer Teil des Ganzen. Es gelten für alle dieselben Regeln. Es gibt auch keine Einsetzung in Leitungsfunktionen mit Hilfe einer ‹Ordination›, sondern die Gaben des Geistes wirken unter dem ganzen Volk Gottes.»[2]

Der Leitungsstil, den Jesus und seine Jünger vorgelebt haben, gründet sich auf den Dienst am anderen. Nur ein solcher Stil spiegelt den Charakter und die Dienstbereitschaft Jesu für seine Gemeinde wider. Dienende Leiterschaft bedeutet Freiheit und Freude, nicht nur für die Geleiteten, sondern auch für die Leiter.

Eine Unterscheidung ist mir in diesem Zusammenhang allerdings wichtig: Zwar sind alle Glieder am Leib Christi gleichwertig, aber wir sind nicht alle gleich. Gott beruft mit Hilfe der von ihm geschenkten Gaben einige Christen zu einem besonderen Dienst. Wer beispielsweise berufen ist, Arzt zu sein, unterscheidet sich einfach deshalb von anderen, weil er eine besondere Ausbildung hat. Dasselbe gilt für Christen, die zum Pfarramt berufen sind. Die Ausbildung erhebt den Pfarramtskandidaten jedoch nicht über seine Mitmenschen, sie bereitet ihn lediglich auf einen effektiven Dienst vor. Es geht darum, wie es der Apostel Petrus ausdrückt, die «Herde zu weiden»: «Achtet auf sie, ... nicht als Herren über die Gemeinde, sondern als Vorbilder der Herde» (1. Petr 5,2–3).

«Starke Leiter»

Wenn ich auf Tagungen oder Seminaren meine Thesen zum Thema «Dienerschaft und Leitung» erläutere, wird mir fast immer die Frage gestellt: «Kann ein dienender Leiter denn überhaupt ein starker Leiter sein?» Die Frage nach Macht und Stärke scheint der Pastorenschaft wirklich unter den Nägeln zu brennen. Es sieht mitunter so aus, daß viele unsichere Menschen nur darum kirchliche Leiter geworden sind, weil sie gerne «etwas zu sagen» haben wollen.

Eine bekannte christliche Organisation in den Vereinigten Staaten gab vor einiger Zeit ein Magazin mit dem Titel «Leadership» («Leiterschaft») heraus. Die erste Nummer hieß bezeichnenderweise «Power and Authority» («Macht und Autorität»). In den einleitenden Artikeln wurden Fragen behandelt wie: «Wer hat das Sagen in der Gemeinde?» oder: «Wer sollte Autorität und Macht bekommen?» Es hieß dort wörtlich: «Die

Herausgeber sind der Überzeugung, daß es einen Pastor ohne Macht nicht gibt.»[3]

Die Autorin Cheryl Forbes weist in ihrem Buch «The Religion of Power» («Die Religion der Macht») mit Recht darauf hin, daß die Autoren jenes «Leadership»-Magazins überhaupt nicht begriffen hätten, worum es bei christlichen Leitern eigentlich geht: «Die Nullnummer dieser Zeitschrift zeigt vielleicht einige pragmatische Hilfen für den Pastor auf, der auf irgendeine Weise unbedingt an die Macht gelangen möchte, aber eine theologische Auseinandersetzung mit der Frage, was einen wirklichen Leiter ausmacht, findet sich nicht. Jesus, der dienende Leiter, kommt an keiner Stelle vor.»[4]

Ich weiß noch genau, wie ich die erste Ausgabe von «Leadership» in den Händen hielt und wie sehr ich davon beeindruckt war – wenn ich auch heute weiß, daß meine Motive nicht lauter waren. Damals war ich ein junger und sehr unsicherer Pastor einer großen Gemeinde. Ich war fest davon überzeugt, daß der Rat, den ich brauchte, mit der Frage zu tun hatte, wie ich mein Umfeld unter Kontrolle bringen konnte, um meinen Dienst möglichst effektiv zu tun.

Natürlich brauchen Leiter eine gewisse Macht, um funktionieren zu können. Aber heute weiß ich, daß ein leitender Pastor nicht jemand ist, der aus den verschiedenen, facettenreichen «Machtspielchen» als Sieger hervorgeht, sondern derjenige, der sich in der Gemeinde ein Ansehen als Diener erworben hat. Dieses Prinzip gilt übrigens auch in der Welt. Macht und Einfluß wird denjenigen übertragen, die sich durch ihren Dienst und Einsatz ausgezeichnet haben. Man könnte sagen: «Diene den Menschen, und sie werden dir Macht anvertrauen.» Selbst im Bereich der Politik gilt dieser Grundsatz: «Es ist ein grundlegendes Prinzip, daß man Herrschaft in der Regel durch Dienstbereitschaft erhält. Dieses Prinzip wird überall in unserem modernen Wohlfahrtsstaat angewandt. Politiker und Manager erkennen, daß diejenigen Organisationen beim Volk den besten Ruf haben, welche praktische Nächstenliebe am Volk üben. Also ‹dient› man und kommt auf diesem Weg zu Macht und Einfluß.»[5]

Selbst säkulare Firmen haben inzwischen die Formel: «Dienen kommt vor dem Verdienen» entdeckt. Auch wenn sie dies sicher nicht in ganz uneigennütziger Weise propagieren, bin ich dennoch davon überzeugt, daß Gott dieses Prinzip dem Menschen ins Herz gelegt hat. Jesus, der wahre Diener, hat es uns vorgelebt:

> «Die Könige herrschen über ihre Völker», sagte er zu seinen Jüngern, «und ihre Machthaber lassen sich Wohltäter nennen. Ihr aber nicht so! Sondern der Größte unter euch soll sein wie der Jüngste, und der Vornehmste wie ein Diener ... Ich aber bin unter euch wie ein Diener» (Lk 22,25–27).

Wer darum fragt: «Wie kann ein Diener eine starke Leiterpersönlichkeit sein?», zeigt nicht nur, daß er die Bibel nicht verstanden hat, sondern offenbart auch eine maßlose Ignoranz hinsichtlich der kirchengeschichtlichen Fakten. Die größten Leiter der christlichen Kirche gründeten ihre Macht nicht auf Hierarchien, sondern auf die freiwillige Unterstützung ihrer Nachfolger. Wenn Leiter treu und gut dienen, geben ihnen die Menschen im Laufe der Zeit größere Freiheiten. Die meisten Menschen merken sehr genau, wann es einem Leiter darum geht, seine Leute aufzuerbauen und ihre Probleme zu lösen, und einem solchen Leiter vertrauen sie dann auch die Macht an. Vor guten Leitern braucht sich niemand zu fürchten.

Diese Dynamik funktioniert übrigens auch in umgekehrter Richtung. Das heißt: Macht wird augenblicklich entzogen, wenn die Mächtigen sie mißbrauchen. Eine solche Verantwortlichkeit der Leiter schützt einerseits die Menschen vor geistlichem Mißbrauch und dient andererseits den potentiellen Mißbrauchern als Warnsignal.

Wenn eine Gemeinde von ihren Leitern die Verantwortung vor der Gemeinde fordert, ist dies ein gutes Mittel, um den falschen Leuten den Eintritt von vornherein zu verwehren. Ein potentieller Machtmißbraucher merkt dann nämlich sofort, daß er in einer solchen Gemeinde nicht weit kommen wird, und sieht sich anderweitig um.

Leitungsstile

Wenn ein guter Leiter – oder eine gute Leiterin – Macht dazu benutzt, um anderen zu dienen, bedeutet das nicht, daß er (oder sie) einen gänzlich unflexiblen Stil an den Tag legt. Ein ganz wichtiger Bestandteil eines dienenden Herzens liegt in der Flexibilität, mit der man auf die unterschiedlichen Bedürfnisse der Menschen eingeht. Mit dem einen mag ein dienender Leiter nicht-autoritär umgehen, mit dem anderen sehr wohl. In der einen Gruppe wird der Leiter versuchen, einen Konsens zu erreichen; in der anderen mag er phasenweise wie ein Alleinherrscher wirken. Es sind die Nöte und Bedürfnisse der einzelnen in Kombination mit dem Stand ihrer geistlichen Reife, die den jeweiligen Leitungsstil ausmachen.

Ich muß dies näher erläutern (vor allem, da ich mich an früherer Stelle negativ über einen autokratischen Leitungsstil geäußert habe). Ein autoritärer Leitungsstil ist jedoch nicht immer und grundsätzlich abzulehnen. «Frisch bekehrte» Christen, also Neulinge im Glauben, brauchen – wie Neulinge auf jedem Gebiet – Autorität und straffe Führung.

Vor einigen Jahren leitete ich eine Mission, die sich um alkohol- und drogenabhängige Jugendliche kümmerte, die auf der Straße lebten. Dabei machte ich die Erfahrung, daß straffe Führung ein Gebot der praktischen Nächstenliebe war. Die Jugendlichen, die sich praktisch «von der Straße weg» bekehrt hatten, hatten absolut keine Ahnung, was Disziplin überhaupt bedeutete. Ihnen fehlte jeglicher Zeit- und Pflichtbegriff; und viele von ihnen hatten kein Gefühl für ihre persönlichen Grenzen. Durch ihre Bekehrung wurden sie nicht automatisch gestandene Erwachsene!

Zunächst einmal brauchten sie eine starke Hand, und aus Liebe zu ihnen übernahmen einige reifere Gläubige und ich an diesem Punkt eine Art Elternrolle. Einige von ihnen wurden bald selbst zu reifen Christen. So wurde im Lauf der Zeit die Führung unsererseits weniger straff, und wir erlaubten den Jugendlichen ein gewisses Maß an Freiheit (manchmal sogar mehr, als ihnen lieb war). Bald wurden sie zu verantwortungsbewußten Erwachsenen, von denen einige sich sogar selbst zu guten Leitern weiterentwickelten und mir dann zur Seite standen.

Ein dienender Leiter, eine dienende Leiterin wird dann autoritär führen, wenn dies ein Gebot der Liebe ist. Wenn es nötig ist, nimmt ein solcher Mensch das Heft in die Hand, um Schaden von den jungen Christen abzuwenden. Wenn diese dann aber im Glauben erwachsen werden, wird aus der «Eltern-Kind-Beziehung» eine Freundschaft unter gleichwertigen Partnern.

Aus Jesu Worten wissen wir, daß er verschiedene Grade geistlicher Reife unterschied. Zu dem einen sagte er: «Gehe hin und sündige nicht mehr!», zu anderen: «Geht hin in alle Welt, und macht zu Jüngern alle Völker.» Den «frommen und getreuen Knecht» beschreibt er als jemanden, der den Mitgliedern des Haushalts Speise zubereitet. Ein solcher Knecht wird nicht allen das gleiche zu essen gegeben haben. Die einen bekamen Milch, die anderen Fleisch.

So hält sich auch der dienende Leiter nicht an einen ganz bestimmten, festgelegten Leitungsstil, sondern versucht, die Menschen dort abzuholen, wo sie stehen, und sie in ihrem Reifungsprozeß zu unterstützen. Dies dient nicht nur seiner eigenen Freude, sondern auch der Freude derer, die mit ihm zusammenarbeiten.

Freude – die Frucht der dienenden Leiterschaft

Der Apostel Paulus schrieb den Christen in Korinth (die ihn ja wahrlich mit schwerwiegenden Sorgen und Problemen belastet hatten): «Nicht daß wir Herren wären über euren Glauben, sondern wir sind Gehilfen eurer Freude» (2. Kor 1,24). In diesen Worten steckt die ganze Quintessenz dienender Leitung.

Ich finde es an dieser Stelle bemerkenswert, daß der Apostel zunächst einmal den geistlichen Mißbrauch als abschreckendes Negativbeispiel anführt: «Nicht daß wir Herren wären über euren Glauben ...» Paulus, der apostolischste aller Apostel, hat niemals wie seine Konkurrenten um Anerkennung gebuhlt.

Nie ging es ihm darum, die Christen, die er zum Glauben geführt hatte, zu beherrschen. Nichts lag ihm ferner, als «Herr über ihren Glauben» zu werden, auch wenn er oft leidenschaftlich mit ihnen über strittige Fragen verhandelte. Er forderte keine Unterordnung, sondern versuchte zu überzeugen. Er wies nicht auf seine Autorität hin, sondern auf seine Argumente.

Wenn es Paulus nicht darum ging, die von ihm gegründeten Gemeinden zu beherrschen, worum ging es ihm dann? Die Antwort auf diese Frage findet sich in dem oben zitierten Vers. Der Apostel beschreibt sich dort als «Gehilfe» (gr.: synergos). Welch demütige und doch adäquate Berufsbezeichnung für einen Leiter! Es geht um die Funktion, nicht um das Amt.

Paulus weist die Christen in Korinth darauf hin, daß das Ziel seiner Tätigkeit die Freude der Korinther ist: «Wir sind Gehilfen eurer Freude», d. h.: «Wir wollen euch zur Freude verhelfen.» Wir sollten uns diesen Satz einmal auf der Zunge zergehen lassen: Dem größten und bedeutendsten Missionar im Neuen Testament (und aller Zeiten) geht es nicht um Glaubenswachstum, Heilung und Gehorsam; nein, es geht ihm um die Freude.

Dies ist um so beachtenswerter, als Paulus an sehr streitbare (um nicht zu sagen: streitsüchtige) Menschen schreibt. Und es bedeutet auch nicht, daß er im Laufe des Briefes nicht auch noch etwas zu den Themen Heiligung und Gehorsam (und auch Finanzen) zu sagen hätte. Doch sein Schwerpunkt liegt auf der Feststellung, daß ein Christ ein Mensch ist, der Gott kennt und ihn liebt. Wir kommen nicht zu Gott, weil wir müssen, sondern weil uns seine Liebe und Barmherzigkeit drängen. «Wer die Dynamik des christlichen Glaubenslebens verstanden hat, erkennt, daß Gott von den Menschen zuerst und zuletzt ihr Herz verlangt. Gott hat Verlangen nach den Menschen, und er möchte, daß der Mensch Verlangen nach ihm hat. Die Freude ist deshalb aufs engste mit dem Glauben an Christus und der Liebe zu ihm verknüpft», stellt Thomas Smith in seinem Buch «Reformation and Revival» («Reformation und Erweckung») fest.[6]

Um es auf einen einfachen Nenner zu bringen: Gott erfahren heißt Freude erfahren!

Dies mag in den Ohren einiger christlicher Leiter merkwürdig klingen, aber es ist eine grundlegende Wahrheit des Christentums. Im 43. Psalm heißt es: «... daß ich hineingehe zum Altar Gottes, zu dem Gott, der meine Freude und Wonne ist» (Ps 43,4). Im 16. Psalm steht: «Du tust mir kund den Weg zum Leben: Vor dir ist Freude die Fülle» (Ps 16,11). Karl Barth schreibt: «Die evangelische Theologie hat es mit ‹Immanuel› zu tun: ‹Gott mit uns›! Mit diesem Gott als ihrem Gegenstand kann sie nur die dankbarste und fröhlichste aller Wissenschaften sein.»[7]

Auch die sogenannten «christlichen Pflichten» sind, recht verstanden, Quellen der Freude. Es macht Spaß, in der Bibel zu lesen! «Das Gesetz des Herrn ist vollkommen und erquickt die Seele» (Ps 19,8). Wer betet, ist ein fröhlicher Mensch. Jesus sagte zu seinen Jüngern: «Bisher habt ihr um nichts gebeten in meinem Namen. Bittet, so werdet ihr nehmen, daß eure Freude vollkommen sei» (Joh 16,24).

Auch christliche Leiterschaft bedeutet Freude. Als der Apostel Johannes über seine Motive für den Dienst an seinen Mitchristen berichtet, schreibt er: «Das schreiben wir, damit unsere Freude vollkommen sei» (1. Joh 1,4).

Am Ende aller Tage wird denjenigen, die Gott und seinem Volk gedient haben, ihr Lohn zuteil werden, und dieser Lohn hat einen Namen: Freude. Paulus bringt dies den Thessalonichern gegenüber klar zum Ausdruck. Er schreibt: «Denn wer ist unsre Hoffnung oder Freude oder unser Ruhmeskranz – seid nicht auch ihr es vor unserem Herrn Jesus, wenn er kommt?» (1. Thess 2,19). Sich zu Christus zu bekehren heißt, sich zur Freude zu bekehren. Freude ist die Quintessenz der christlichen Existenz, und Freude ist das, was der Leiter, der Freude weitergibt, am Ende als Lohn erhält.

Wenn es im Westminster-Bekenntnis heißt: «The chief end of man is to glorify God and enjoy him forever» («Das Hauptziel des Menschen besteht darin, Gott zu verherrlichen und sich ewiglich an ihm zu erfreuen»), so ist dabei nicht an zwei verschiedene Dinge gedacht. Verherrlichen («glorify») und Erfreuen («enjoy») gehören untrennbar zusammen: «Die Autoren sagen nicht ‹Hauptziele›, sondern ‹Hauptziel›.»[8] Wer verstanden hat, daß das Hauptziel des Christen darin besteht, sich an Gott zu erfreuen, wird dem Apostel Paulus zustimmen, wenn dieser betont, daß das Hauptziel auch der christlichen Leiterschaft in der Förderung der Freude liegt.

Genau um diese Zusammenhänge geht es dem Apostel auch in seinem Brief an die Galater, dort allerdings mit umgekehrtem Vorzeichen. Die Gesetzesfanatiker in Galatien, die der Gnade Gottes entgegenarbeiteten, indem sie durch das Aufbürden schwerer Lasten geistlichen Mißbrauch betrieben, zerstörten dadurch die Freude im Herzen der Menschen, die unter dem Einfluß des Paulus zum Glauben gefunden hatten: «Wo ist nun eure Glückseligkeit?» fragt Paulus (Gal 4,15, Elberfelder Übersetzung). Satanisch beeinflußte geistliche Mißbraucher mögen in allen möglichen Erscheinungsformen die christliche Gemeinde verwirren. An einer Gemeinsamkeit jedoch kann man sie immer erkennen: Sie zerstören die christliche Freude. Piper hat recht, wenn er betont: «Das Hauptziel des Teufels besteht darin, die Freude in unserem Glaubensleben zu zerstören.»[9]

Freude ist eine der Früchte, an der man Jünger Jesu erkennen kann. So hat es Christus selbst gesagt. Gute Leiter wissen dies. Sie tun alles dafür, um dieser Frucht zum Wachstum zu verhelfen.

Die Gemeindezucht ergibt sich aus dem Evangelium. Denn das Ziel des Evangeliums ist Versöhnung – die Versöhnung, die durch Christus bewirkt wurde und den Sündern angeboten wird.

John White und Ken Blue

Sündigt aber dein Bruder an dir, so geh hin und weise ihn zurecht zwischen dir und ihm allein. Hört er auf dich, so hast du deinen Bruder gewonnen.

Jesus Christus (Mt 18,15)

Kapitel 10

Heilsame Gemeindezucht

Viele Menschen sehen «Gemeinde-» oder «Kirchenzucht» als Hauptinstrument geistlichen Mißbrauchs an. Der Umstand, daß «Zucht» herrschen soll (oder geübt werden soll), bedeutet für sie, daß diktatorische Leiter mißliebige Mitglieder kontrollieren oder drangsalieren. Allein schon der Begriff «heilsame Gemeindezucht» scheint ihnen ein Widerspruch in sich selbst zu sein.

Vor einigen Jahren ging ich in einer detaillierten Studie der Frage nach, wie sich die Kirchen- oder Gemeindezucht im Laufe der Jahrhunderte entwickelt und verändert hat.[1] Ich wollte dabei vor allem herausfinden, warum diese Praxis in den Kirchen des Westens mit der Zeit in Vergessenheit geraten war.[2]

Meine Untersuchungen zeigten, daß dies vor allem daran lag, daß sich die Praxis der Gemeindezucht zu einem derart destruktiven und mißbrauchenden Verfahren entwickelt hatte, daß man als Reaktion darauf schließlich ganz davon abgelassen hat.

Doch die richtige Reaktion auf eine schlechte Form der Gemeindezucht ist nicht etwa überhaupt keine Gemeindezucht, sondern eine gute, oder um es mit Geddess MacGregor zu sagen: «Wer die Kirchenzucht abschafft, weil sie in der Vergangenheit falsch durchgeführt wurde, kann gleich auch den Gottesdienst mit abschaffen, denn der wurde auch oft falsch durchgeführt.»[3]

Fehler der Vergangenheit

Wenn wir vorhaben, eine heilsame, nicht-mißbrauchende Kirchenzucht wieder einzuführen, müssen wir als erstes versuchen zu verstehen, welche Fehler in der Vergangenheit gemacht wurden. Zunächst ist die Frage zu klären, welchen Zielen kirchliche Disziplinierungsverfahren eigentlich dienen sollen, denn Mißbrauch beginnt stets dort, wo solche Ziele zu eng definiert werden. Kirchengeschichtlich gesehen bestand das Hauptziel der Gemeindezucht in der «Reinigung der Gemeinschaft der Heiligen». Johannes Calvin führt in der «Institutio Christianae Religionis» aus, daß die Aufgabe kirchlicher Zucht darin bestehe: (1) denen, die einen unmoralischen und unanständigen Lebenswandel führen, zu untersagen, sich Christen zu nennen und das Heilige Abendmahl zu entweihen, und (2) die Guten davor zu bewahren, durch die Gemeinschaft mit den Bösen verunreinigt zu werden.[4]

Kirchen- oder Gemeindezucht verfolgt in diesem Sinne also die Aufgabe, die Kirche rein zu halten. In das gleiche Horn stößt der zeitgenössische reformierte Theologe G. C. Berkouver: «Wenn eine Sünde erkannt wird, die das Heiligtum entweiht und Gottes heiligen Namen mißbraucht, haben wir auf die Ermahnung zu hören: ‹Heiligt euch und seid heilig, denn ich bin der Herr, euer Gott.› Kirchenzucht und Heiligung gehören im Neuen Testament untrennbar zusammen.»[5]

Die Geschichte der christlichen Kirche zeigt jedoch, daß jenes Ziel (nämlich das Bemühen um den heiligen Lebenswandel des einzelnen wie der Gemeinschaft) dazu geführt hat, daß vielfach drastische Maßnahmen gegen jene ergriffen wurden, die als «unrein» angesehen wurden. Manchmal sind solche Menschen sogar durch Hinrichtung von der Gemeinde «entfernt» worden; man denke nur an die spanische Inquisition.

Nun gibt es zwar in der Bibel einen Zusammenhang zwischen Gemeindezucht und Heiligung (vgl. 1. Kor 5,1–13), doch dies steht nie an erster Stelle. Wichtiger für die Gemeindezucht sind folgende zwei Ziele: (erstens) den Übertreter in die Jüngerschaft zurückzuholen und (zweitens) die mitmenschlichen Beziehungen, die durch die Sünde zerstört wurden, wiederherzustellen (Mt 18,15–18).[6] Wenn das Ziel unserer Kirchen- und Gemeindezucht darin besteht, den Abtrünnigen zurück zu Christus und seiner Kirche zu bringen, werden wir die betreffende Person notwendigerweise mit dem nötigen Respekt behandeln.

Kirchen- und Gemeindezucht hat in den letzten Jahren und Jahrzehnten, nach vielen Jahrhunderten der Vernachlässigung, in der westlichen kirchlichen Welt eine Renaissance erlebt. Leider jedoch scheinen einige Gemeinden aus der Vergangenheit nichts gelernt zu haben. Sie sind noch immer der Ansicht, daß man mit Hilfe eines «Gemeindezuchtverfahrens» die Mitglieder einer Kirche manipulieren dürfe.

Dem Teufel übergeben?

Einer meiner Freunde gab mir vor einiger Zeit einen furchteinflößenden Bericht über die Art und Weise, wie in der Gemeinde, zu der er früher gehörte, die «Zucht» der Mitglieder gehandhabt wurde. Jene Gemeinde war konservativ-evangelikal. Wer ihre Satzung las, wäre nicht auf den Gedanken gekommen, daß dort irgend etwas nicht in Ordnung war. Doch der Pastor der etwa 150 Mitglieder umfassenden Gruppe war äußerst diktatorisch und hatte im Laufe der Zeit einige Gleichgesinnte um sich herum gesammelt. Dieses Leitungsteam praktizierte eine sogenannte «korrektive Gemeindezucht» und versuchte auf diese Art und Weise, die Mitglieder auf Linie zu halten. Übertrat jemand die Linie (d. h. die Verhaltensmaßregeln, die dort galten, oder einen der Glaubensgrundsätze), kam das Verfahren in Gang.

Zunächst stattete der Pastor, begleitet von mindestens einem anderen Leiter, dem Übertreter einen Hausbesuch ab. Dort erklärte man dem Mitglied, was es falsch gemacht hatte, und verlangte eine Änderung. Erwartet wurde, daß der oder die Betreffende zu allen Vorwürfen «Ja und Amen» sagen und sich beeilen würde, das angebliche Fehlverhalten umgehend abzustellen. Trafen die Leiter hierbei nicht auf Zustimmung, zeigte das Opfer gar einen «rebellischen Geist», wurde die zweite Stufe eingeleitet.

Als zweiter Schritt wurde der gesamten Gemeinde mitgeteilt, daß das betreffende Mitglied «unter der Zucht der Gemeinde» stehe. Die Teilnahme am Abendmahl war verboten, ebenso alle anderen kirchlichen Veranstaltungen, mit Ausnahme des Gottesdienstes am Sonntag morgen. Von den anderen Gemeindemitgliedern wurde erwartet, daß sie den Kontakt zu der betreffenden Person auf ein Minimum reduzieren. Handelte es sich bei dem angeblichen Übertreter um einen Mitarbeiter, wurde er umgehend aus seinem Amt entfernt. Das «Gemeindezuchtverfahren» blieb so lange in Kraft, wie es der Pastor und das Leitungsteam für nötig hielten.

Nach einer unbestimmten Periode der Ächtung zogen die Leiter dann Bilanz, um herauszufinden, ob die Sanktionen etwas bewirkt hatten. War dies nicht der Fall, wurde die betreffende Person der Sünde der «Widerspenstigkeit» für schuldig befunden, d. h. «des Vergehens, Autorität mißachtet zu haben». In der Folge wurde sie zur Strafe aus der Gemeinde ausgeschlossen.

Die Exkommunikation wurde auf einer eigens hierfür anberaumten Gemeindeversammlung durchgeführt. Der Exkommunikant wurde dazu eingeladen, erschien jedoch meist nicht mehr. Der Pastor und seine Assistenten standen vor der Gemeinde. Vor ihnen befand sich ein Tisch, auf dem eine Menge Kerzen brannten.

Nachdem dann die «Sünden» der betreffenden Person sowie die « Korrekturversuche» der Leiter noch einmal vorgelesen worden waren, nahm der Pastor eine der Kerzen, blies sie aus und warf sie um. Dann sagte er: «Wir übergeben dich hiermit dem Satan zum Verderben des Fleisches» (vgl. 1. Kor 5,5).

Mein Freund war auf einer dieser Versammlungen zugegen. Er berichtete von einer panischen Angst, die in ihm und anderen aufgestiegen sei, als er den Vorgang beobachtete. «Du siehst es einmal», sagte er mir, «und nimmst dir fest vor, daß dir so etwas niemals passieren darf!» Und dann fügte er hinzu:

«Ich hatte eine solche Angst, daß ich alles tat, was die Leitung von mir forderte.»

Jenes Pseudo-Gemeindezuchtverfahren widerspricht, wie wir gleich sehen werden, den biblischen Geboten in jedem einzelnen Punkt. Daß es zu schlimmen Ergebnissen führte, sollte angesichts dessen nicht verwundern. Das Beispiel kann uns aber trotzdem hilfreich sein, denn erst durch den Kontrast zum Falschen wird das Richtige verständlich. Wie sieht nun eine recht verstandene Gemeindezucht aus?

Das Verfahren, das Jesus lehrte

Wichtigster Bibeltext ist in diesem Zusammenhang eine Stelle aus dem Matthäusevangelium, wo es heißt:

> «Sündigt aber dein Bruder an dir, so geh hin und weise ihn zurecht zwischen dir und ihm allein. Hört er auf dich, so hast du deinen Bruder gewonnen. Hört er nicht auf dich, so nimm noch einen oder zwei zu dir, damit jede Sache durch den Mund von zwei oder drei Zeugen bestätigt werde. Hört er auf die nicht, so sage es der Gemeinde. Hört er auch die Gemeinde nicht, so sei er für dich wie ein Heide und Zöllner» (Mt 18,15–18).

Der erste Fehler, den die Gemeinde machte, zu der mein Freund gehörte, bestand darin, daß sie eine hierarchische Sicht der Kirchen- oder Gemeindezucht vertrat: von oben nach unten, vom Leiter zum «einfachen Mitglied». Hier hatte der Pastor zu bestimmen, wann welche Schritte gegen wen eingeleitet wurden. Sehr oft fängt der Mißbrauch bei einem solch unbiblischen Verständnis an.

Jesus dagegen stellte klar, daß Gemeindezucht alle angeht, nicht nur die Gemeindeleiter. Der erste Mensch, der einen potentiellen Übertreter ansprechen sollte, ist derjenige, dem die Übertretung zuerst auffällt: «Sündigt dein Bruder, so geh hin und weise ihn zurecht.» Zurechtweisung geschieht nach biblischem Verständnis also nicht von seiten der «Vorgesetzten», sondern unter Geschwistern.

Der zweite Fehler, den die ehemalige Gemeinde meines Freundes beging, bestand darin, daß der Pastor für den Hausbesuch einen zweiten Leiter mitnahm. Jesus sagte unmißverständlich, daß der erste Schritt der Zurechtweisung immer unter vier Augen geschehen muß, «zwischen dir und ihm». Der Grund hierfür liegt auf der Hand: die Privatsphäre soll geachtet und der Betreffende vor Klatsch und Tratsch in Schutz genommen werden.

In unserem Beispiel, in dem die Zurechtweisung in mißbräuchlicher Weise geschah, bestand das alleinige Ziel darin, einen angeblichen Übertreter zu ermahnen (zu «korrigieren») und Sanktionen gegenüber denjenigen durchzusetzen, die sich von der Linie der Gemeinde (hinsichtlich Verhalten oder Ideologie) entfernt hatten. Falls nötig, so der Standpunkt jener Gemeinde, war der Betreffende auszuschließen, so daß jeglicher schlechte Einfluß auf die anderen im Keim erstickt wurde. Die Lehre Jesu hingegen zeigt völlig andere Beweggründe der Zurechtweisung.

Zunächst ist zu beachten, daß Matthäus 18,15–17 im Zusammenhang steht mit dem Gleichnis vom verlorenen Schaf (Verse 10–14). Der «sündige Bruder» ist also jemand, der sich – wie ein Schaf – verirrt hat und vom rechten Weg abgekommen ist. Sein Mitchrist, dem dies auffällt, erfüllt demnach eigentlich die Rolle eines Hirten, der einen Verlorenen sucht, um ihn wieder zur Herde (Gemeinde) zurückzubringen. Es geht also nicht in erster Linie um Reinhaltung, sondern um Rückführung: «Hört er auf dich» (d. h. reagiert er positiv auf deine Zurechtweisung), sagt Jesus, «so hast du deinen Bruder gewonnen.» Sünde wirkt sich immer gemeinschaftszerstörend aus. Den Sünder auf seine Sünde hinzuweisen, ist gemeinschaftsfördernd, weil es die Versöhnung ermöglicht.

In unserem Beispiel folgte unmittelbar auf die erste Zurechtweisung sofort die öffentliche Ächtung und kurz darauf die Exkommunikation des Betreffenden. Jesu Lehre ist eine andere: Dem ersten Versuch der Versöhnung hat ein zweiter zu folgen: «Hört er nicht auf dich, so nimm noch einen oder zwei zu dir» (Vers 16), und auch der zweite Versuch soll allein dem

Ziel der Versöhnung dienen. Wer weiß? Daß ein erstes Treffen erfolglos war, heißt ja noch lange nicht, daß auch ein zweites erfolglos bleiben muß.

Wenn ein oder zwei andere hinzugezogen werden, bedeutet dies zusätzliches Unterscheidungsvermögen. Vielleicht lag eine Überreaktion auf seiten des ersten Zurechtweisers vor, und seine Mitchristen sehen die Sache anders.

Und auch wenn der angebliche Sünder eine Tat oder eine innere Einstellung zu bereuen hat, so ist es wichtig, daß er durch mehr als einen Menschen davon überzeugt wird. Auch in diesem Stadium kommt es noch immer darauf an, den Kreis der Beteiligten möglichst klein zu halten und die größere Gruppe nicht unnötig zu belasten. Die privaten oder halbprivaten kleinen Treffen jedenfalls sollten alles andere sein als die Vorstufe zu einer Exkommunikation: Sie sollten diese vielmehr unnötig werden lassen.

Falls der oder die Betreffende sich dann immer noch der Zurechtweisung verweigert, haben wir den Auftrag, «es der Gemeinde zu sagen» (vgl. Vers 17). Der letzte Schritt wird meistens – falls die vorausgegangenen korrekt durchgeführt wurden – nicht nötig sein; er ist für einige wenige Fälle aber nicht auszuschließen. Doch immer noch darf es sich nicht um ein Vorgehen handeln, wie es mein Freund berichtete. Dort wurde eigens zum Ausschluß eines Mitglieds eine Gemeindeversammlung einberufen. In Matthäus 18,17 ist das letzte Treffen dadurch gekennzeichnet, daß alle zusammenkommen, denn allen ist daran gelegen, daß das «verlorene Schaf» wieder zurückfindet.

D*ie letzte Stufe der Gemeindezucht ist also nicht die Aufgabe des Pastors oder der Gemeindeleiter.* Sie ist vielmehr Aufgabe der Gesamtgemeinde. Hans Küng kommentiert Matthäus 18 mit den Worten: «Es ist die Aufgabe der gesamten Kirche, der ganzen Gemeinde der Jünger, einem Übertreter zu vergeben ... Die letzte Rechtsprechung obliegt, besonders im negativen Fall, der Gemeinde.»[7]

Sollte es der Gemeinde nicht gelingen, sich mit der betreffenden Person auszusöhnen, dann wird sie das verlorene Schaf wie einen «Heiden oder Zöllner» ansehen und behandeln (Vers 17). In unserem Negativbeispiel bedeutete dies, einen Menschen «dem Satan zu übergeben», d. h. so zu tun, als existiere der Betreffende nicht mehr.

Doch dies war wohl kaum das, was Jesus meinte. Denken wir nur daran, auf welch liebevolle Weise er die Zöllner und Sünder behandelte. Er ignorierte sie nicht, und er überließ sie auch nicht dem Teufel. Er ging ihnen nach, sprach mit ihnen und ließ nicht ab, sie in seine Nachfolge zu rufen (Mt 9,9). Zwar zählte er sie so lange nicht zu seinen Jüngern, wie sie weder Glauben noch Reue zeigten. Aber er sprach weiterhin mit ihnen und hoffte darauf, daß sie sich änderten und gläubig wurden.

Eine Kirche in der Nachfolge Jesu wird in der Frage der Kirchen- oder Gemeindezucht sicher nicht weichlich sein. Sie wird in einigen Fällen um eine Aufhebung des Vorrechts der kirchlichen Gemeinschaft nicht herumkommen. Aber sie wird die Türen offenhalten und die Rückkehr des reuigen Sünders erwarten und erhoffen. Sie wird sich so zu verhalten versuchen, wie es der Vater mit dem verlorenen Sohn tat.

> «‹Korrektive Gemeindezucht› beginnt mit der Erkenntnis, daß Sünde Entfremdung bedeutet. Sie verfolgt das Ziel, diese Entfremdung zu überwinden. Verfehlt die Kirche dieses Ziel, so wird sie, wie der Vater im Gleichnis vom verlorenen Sohn, nicht aufhören, die Rückkehr der Verlorenen zu ersehnen. Und wenn sie erfolgt ist, kennt die Freude keine Grenzen.»[8]

Wenn wir dem Vorbild Christi folgen, wird unser Erfolg darin liegen, daß wir irrende Schafe vor der Verirrung bewahren und daß wir die Probleme, die wir in den Beziehungen untereinander haben, auf effektive Art und Weise lösen. Mißbrauchende Gemeindezucht wird es bei uns nicht geben. Für alle Opfer und Täter jedoch lautet die biblische Botschaft: «Folgt Jesus nach! Kommt nach Hause ins Vaterhaus. Er steht schon da und wartet auf euch – mit weit geöffenen Armen.»

Anmerkungen

Kapitel 1: Zur Freiheit berufen

1 Zum Beispiel ist Hesekiel 37 ein früher Bericht darüber, wie religiöse Leiterpersönlichkeiten gegen die ihnen anvertrauten Menschen sündigten. Der Text zeigt die Not derer, die unter der «Obhut» falscher Hirten geängstigt, verletzt und bedrängt werden.

2 Der Ausdruck «geistlicher Mißbrauch» («spiritual abuse») begegnete mir zum ersten Mal in einem Buch von David Johnson und Jeff VanVonderen, «The Subtle Power of Spiritual Abuse» (Minneapolis: Bethany House, 1991). [Dt.: «Geistlicher Mißbrauch», Projektion J, 1996]

3 Ronald Enroth, «Churches That Abuse» (Grand Rapids: Zondervan, 1992), Seite 29.

4 Auf rituellen Mißbrauch unter Satanisten kann hier nicht näher eingegangen werden; ebensowenig auf das weite Feld des sexuellen Mißbrauchs durch kirchliche Amtsträger.

5 Die meisten Namen wurden geändert, und eines der Beispiele ist eine Zusammenfassung der Erlebnisse zweier Menschen. An allen anderen Stellen jedoch gebe ich die Berichte genauso wieder, wie sie mir erzählt wurden.

6 Juanita und Dale Ryan, «Recovering from Spiritual Abuse» (Downers Grove/Illinois: InterVarsity Press, 1992), Seite 9.

7 Zur Geschichte dieser Bewegung vgl. Ron und Vicky Berks «Damaged Disciples» (Grand Rapids, Michigan: Zondervan 1992), wo aus Insidersicht über die Probleme dieser Gruppierung berichtet wird.

8 a.a.O; Seite 86.

Kapitel 2: Der «Stuhl des Mose» – und wie er mißbraucht wird

1 Jesus bezeichnete sich selbst als das Brot des Lebens (Joh 6,35, 51–58) und die Quelle des ewigen Lebens (Joh 4,10; 7,37–38). Auch sagte er: «Ich bin ... das Leben (Joh 11,25; 14,6).

2 F. Dale Brunner, «Matthew – Word Biblical Commentary» (Dallas: Word Books, 1990), 2:808.

3 C.S. Lewis, «Reflections on the Psalms» (New York: Harcourt Brace, 1958), Seite 31–32. [Dt.: «Gespräche mit Gott», Benziger, 3. Aufl. 1992]

4 David Seamands, «Putting Away Childish Things» (Wheaton Illinois: Victor Books, 1982), Seite 46. [Dt.: «Befreit vom kindischen Wesen», Francke, 4. Aufl.1992]

5 David Hill, «The Gospel of Matthew» (London: Oliphants, 1977), Seite 310.

6 Anthony Saldarini, «Pharisees, Scribes and Sadducees in Palestinian Society» (Wilmington, Delaware: Michael Glazier, 1988), Seite 111.

7 Watchman Nee, «The Body of Christ» (New York: Christian Fellowship Publishers, 1978), Seite 20–21.

8 Watchman Nee, «Spiritual Authority» (New York: Christian Fellowship Publishers, 1972), Seite 71. [Dt.: «Vollmacht – Leben unter der Autorität Gottes», Schwengeler, 1991]

9 Derek Prince, «Discipleship, Shepherding, Commitment» (n.p.: Derek Prince Publishers), Seite 18.

10 Diese Auffassung wird angeblich vom «Boston Movement» vertreten; zitiert in Ronald Enroth, «Churches that Abuse» (Grand Rapids, Michigan: Zondervan, 1992), Seite 117.

11 Michael Horton, «Power Religion» (Chicago: Moody Press, 1992), Seite 19.

12 «Theological Dictionary of the New Testament» (Grand Rapids, Michigan: Eerdmans, 1971), 6:3–7.

13 Ray Peacock, «The Shepherd and the Shepherds» (London: Monarch, 1988), Seite 81.

14 Robert Clinton, «Leadership Emergence Theory» (Altadena, California: Barnabas Resources), Seite 193.
15 Stephen Arterburn und Jack Felton, «Toxic Faith» (Nashville: Thomas Nelson, 1991), Seite 72.

Kapitel 3: Der «Sauerteig der Pharisäer» – es gibt ihn noch

1 Philip Keller, «Predators in Our Pulpits» (Eugene, Oregon: Harvest House, 1988), Seite 12.
2 F. Dale Brunner, «Matthew – Word Biblical Commentary» (Dallas: Word Books, 1990), Seite 483.
3 William Hendriksen, «The Gospel of Matthew» (Grand Rapids, Michigan: Baker Book House, 1973), Seite 638.
4 Martin Luther, «Luther's Works», hg. von Jaroslav Pelikan (St. Louis: Concordia Publishing, 1963), 26:54.
5 Jerome Neyrey, «Paul in Other Words» (Louisville, Kentucky: John Knox, 1990), Seite 203.
6 Luther, «Luther's Works», 26:52.
7 R.V.G. Tasker, «The Gospel According to St. Matthew» (Grand Rapids, Michigan: Eerdmans, 1961), Seite 216.

Kapitel 4: Schwere Lasten

1 Ayn Rand, «Atlas Shrugged» (New York: Random House, 1957), Seite 436.
2 David Chilton, «Productive Christians in an Age of Guilt Manipulation» (Tyler, Texas: Institute for Christian Economics, 1981), Seite 170/71.
3 Larry Crabb, «Men and Women» (Grand Rapids, Michigan: Zondervan, 1991), Seite 178. [Dt.: «Als Mann und als Frau», Brunnen-Verlag Basel, 1992]
4 Archibald Hart, «Me, Myself and I» (Ann Arbor, Michigan: Vine Books, 1992), Seite 17.
5 Bruce Narramore, «No Condemnation» (Grand Rapids, Michigan: Eerdmans, 1984), Seite 301.

6 Michael Horton, «Putting Amazing Back into Grace» (Nashville: Thomas Nelson, 1991), Seite 123.
7 Donald Sloat, «The Dangers of Growing Up in a Christian Home» (Nashville: Thomas Nelson, 1986), Seite 106.

Kapitel 5: «Seht her, wie fromm wir sind!»

1 Anne Wilson Schaef und Diane Fasell, «The Addictive Organization» (San Francisco: Harper & Row, 1988), Seite 139.
2 Stephen Arterburn und Jack Felton, «Toxic Faith» (Nashville: Thomas Nelson, 1991), Seite 180f.
3 Gene Edwards, «Letters to a Devastated Christian» (Auburn, Maine: Christian Books, 1984), Seite 5.
4 Zitiert in James Beverly, «Crisis of Allegiance» (Burlington, Ontario, Kanada: Welch Publishing, 1986), Seite 53.
5 F. Dale Brunner, «Matthew – Word Biblical Commentary» (Dallas: Word Books, 1990), 2:814.
6 Ralph P. Martin, «The Epistle of Paul to the Philippians» (Grand Rapids, Michigan: Eerdmans, 1959), Seite 57.
7 Brunner, «Matthew», Seite 819.
8 So «Grandma Sophie» in der CBS-Fernsehsendung «Brooklyn Bridge».

Kapitel 6: Wenn aus Mücken Kamele werden

1 David Johnson und Jeff VanVonderen, «The Subtle Power of Spiritual Abuse» (Minneapolis: Bethany House, 1991), Seite 138. [Dt.: «Geistlicher Mißbrauch», Projektion J, 1996]
2 F. Dale Brunner, «Matthew – Word Biblical Commentary» (Dallas: Word Books, 1990), 2:808.
3 George Eldon Ladd, «A Theology of the New Testament» (Grand Rapids, Michigan: Eerdmans, 1974), Seite 72.
4 Vgl. Ken Blue, «Authority to Heal» (Downers Grove, Illinois: InterVarsity Press, 1987), Seite 65–88 [Dt.: «Autori-

tät und Heilung», Fliss, 1991] und Ladd, «A Theology of the New Testament», Seite 70–80.

Kapitel 8: «Amazing Grace» – die heilende Kraft der göttlichen Gnade

1 Nicht alle Mißbraucher im geistlichen Amt schämen sich ihrer Taten. Ich kenne einige narzißtische Leiterpersönlichkeiten, die überhaupt kein Gewissen zu haben scheinen. Sie stellen ihr eigenes Tun grundsätzlich nie in Frage und erinnern mich an die Beschreibung der Übeltäter aus M. Scotts Buch «People of the Lie» («Die Menschen der Lüge»).

2 Zitiert bei Daniel P. Fuller, «Gospel and Law» (Grand Rapids, Michigan.: Eerdmans, 1980), Seite 87.

3 Ronald Enroth, «Churches That Abuse» (Grand Rapids, Michigan: Zondervan, 1992), Seite 202.

4 John Murray, «The Epistle to the Romans» (Grand Rapids, Michigan: Eerdmans, 1980), Seite 243.

5 Charles Hodge, «Epistle to the Romans» (Grand Rapids, Michigan: Eerdmans, 1953), Seite 214.

6 John White und Ken Blue, «Church Discipline That Heals: Putting Costly Love into Action» (Downers Grove, Illinois: InterVarsity Press, 1992). [Dt.: «Heilung für Verwundete», Francke, vergriffen]

7 David Seamands, «Putting Away Childish Things» (Wheaton, Illinois: Victor Books, 1982), Seite 31. [Dt.: «Befreit vom kindischen Wesen», Francke, 1992]

Kapitel 9: Leiterschaft nach biblischem Vorbild

1 Vgl. Kapitel 10 zum Thema «Kirchen-/Gemeindezucht». Vgl. auch John White und Ken Blue, «Church Discipline That Heals: Putting Costly Love into Action» (Downers Grove, Illinois: InterVarsity Press, 1992). [Dt.: «Heilung für Verwundete», Francke, vergriffen]

2 Gordon Fee, «Gospel and Spirit» (Peabody, Massachusetts: Hendrickson, 1991), Seite 131.
3 Cheryl Forbes, «The Religion of Power» (Grand Rapids, Michigan: Zondervan, 1983), Seite 60.
4 a.a.O.; Seite 60/61.
5 George Grant, «In the Shadow of Plenty» (Forth Worth, Texas: Dominion, 1986), Seite 40.
6 Thomas Smith in «Reformation and Revival 1», Nr. 1 (1992):97.
7 Karl Barth, «Evangelical Theology» (New York: Holt, Rinehart and Winston, 1933), Seite 12. [Dt.: «Protestantische Theologie im 20. Jahrhundert», Theologischer Verlag Zürich, 6. Auflage 1994]
8 John Piper, «Desiring God» (Portland, Oregon: Multnomah Press, 1986), Seite 13.
9 a.a.O.; Seite 124.

Kapitel 10: Heilsame Gemeindezucht

1 Ken Blue, «Interpersonal Church Discipline», Magisterarbeit am Regent College, Vancouver, British Columbia (Kanada), 1979.
2 «In den westlichen protestantischen Gemeinden wurde die Kirchen- und Gemeindezucht vor etwa hundert Jahren eingestellt», schreibt Peter Breyerhous in seinem «Dictionary of the Christian World Mission» (London, Lutterworth, 1947), Seite 167; und auch Emil Brunner stellt fest: «Die Funktion der Gemeindezucht ist inzwischen nicht mehr gebräuchlich» («The Divine Imperative», Philadelphia: Westminster Press, 1947), Seite 559.
3 Geddess MacGregor, «Coming Reformation» (Philadelphia: Westminster Press, 1960), Seite 17.
4 Johannes Calvin, «Institutio Christianae Religionis», viertes Buch.
5 G.C. Berkouwer, «Studies in Dogmatics: The Church» (Grand Rapids, Michigan: Eerdmans, 1975), Seite 375.
6 Dies haben John White und ich u. a. versucht darzulegen

in unserem Buch «Church Discipline That Heals: Putting Costly Love into Action» (Downers Grove, Illinois: Inter-Varsity Press, 1992). [Dt.: «Heilung für Verwundete», Francke, vergriffen]

7 Hans Küng, «The Church» (New York: Image Books, 1962), Seite 275. [Dt.: «Die Kirche», Piper, 1992]

8 White und Blue, «Church Discipline That Heals», Seite 101. [Dt.: «Heilung für Verwundete»]